Grundläggande kunskap för programmering av mjuk- och hår

First Published; 2020

Published by AGSTU AB, Strandvägen 3, S-730 61 Virsbo, Sweden. www.yh.agstu.se

Grundläggande kunskap för programmering av mjuk- och hårdvarusystem

Version 0: Skapades 2017

Version 1: (2019-03-27) Granskad och uppdaterad

Version 2: (2020-01-17) Nytt klockkapitel, 2D grafik, konstruktionsmetodik och lite mer om tillståndsmaskiner

Version 3: (2020-05-25) Nya kapitel har tillkommit. Bland annat hur en teknisk rapport skrivs, lite om konstruktionsmetodik med mera

Version 4: (2021-01-20) Arbetat igenom och fokuserat texten mer på området inbyggda system. Nya kapitel har tillkommit som exempelvis introduktion till inbyggda system med exempel, kodskrivning och CPU/FPGA.

Boken används i Förberedelsekursen och har som mål att den studerande ska blir bättre förbered för att klara av AGSTUs kurser och program. Boken kan även användas för att få en introduktion till området inbyggda system.

Företaget AGSTU – Arbete Genom Studier har två yrkeshögskoleprogram för att bli anställningsbar som utvecklingsingenjör inom inbyggda system. Vidare har AGSTU även korta yrkeshögskolekurser. Ett kurspaket i VHDL och sen kurs i Hårdvarunära C-programmering. Mer finns att läsa på https://yh.agstu.se/ (se nästa figur).

Figur 1. AGSTU's utbildningsprogram

Innehållsförteckning

1 Hur kan förberedelse för att kunna genomföra AGSTU utbildningar göras?

Innan start:

Coachen påpekar oftast att den som ska lära sig nya saker måste vara ärligt motiverad och ha tid för att nå olika typer av mål.

- Finns tid och motivation?

Alla som startar AGSTUs utbildningar har olika förkunskaper vilket gör att det är svårt att säga hur mycket tid det tar för varje individ avsluta med en examen. AGSTU har studerande som går igenom utbildningen på kortare tid än den tidplan som är uppsatt och individer som behöver ungefär dubbelt så lång tid för att komma i mål.

AGSTU vill rekommendera alla som har för avsikt att gå någon av de utbildningar som erbjuds att börja med en förberedelsekurs. Förberedelsekursen ger en bra överblick inom området inbyggda system, och hur AGSTUs utbildningar bedrivs med avseende på genomförande och pedagogik.

Om frågor dyker upp som berör utbildningarna på AGSTU, kan tid med en handledare bokas, se https://www.agstuworld.se/info_till_studerande/

Förberedelse:

- Genomför förberedelsekursen.
  - o Det har visat sig att de som genomför förberedelsekursen, har en större sannolikhet att klara av att få en examen. AGSTU rekommenderar att hela förberedelsekursen genomförs. För de individer som redan kan det mesta är motivationen att repetera och bekanta sig med de distansverktyg som används.
  - o För de individer som inte har så mycket förkunskaper är förberedelsekursen ett måste!
- Om det blir tid över, köp ett Raspberry Pi eller Arduino kort och lek med det. Det finns många beskrivningar på hur dessa används.

AGSTUs utbildningar:

Utbildningarna har många moment för att träna upp förmågan att kunna arbeta ingenjörsmässigt och utveckla robusta system professionellt. Det betyder att det inte är en klassisk teoretisk eller hobbybetonad utbildning, utan en yrkesutbildning. Den innehåller förutom teori mycket "learn by doing" och många leveranser till kund (fiktiv).

- Se till att vara informerad.
  - Eftersom AGSTU har enbart distansutbildningar, ta reda på var informationen finns och hur det fungerar. De som har gått förberedelsekursen har en fördel här.
- Kontrollera vilka deadlines som finns.
  - Utbildningarna har som ett kriterium att deadlines ska hållas för att få VG. Om en deadline missas erhålls betyget G när uppgiften är godkänd.
  - Gör ett arbetsschema. Det finns de som har klarat av utbildningen med familj och jobb, men det kan endast genomföras med ett arbetsschema och arbetsdisciplin.
  - Den bästa motivationen för att det ska fungera är att det är kul!
- Följ den snitslade banan som utbildningen har i schemat.
  - AGSTU har tillsammans med ledningsgruppen (https://yh.agstu.se/ledningsgrupp-och-partners/) definierat den kunskap och färdighet som ska uppnås för att kunna examineras. Det betyder att den studerande ska följa den vägen, men i vissa moment finns stor frihet att välja område.
- Boka tid hos en handledare.
  - Att fastna på en uppgift ett tag kan vara bra för att träna lösningsteknik. Men inte för länge, då ska en handledare kontaktas för att få hjälp att komma fram till lösningen.
  - Läs igenom följande sida: https://www.agstuworld.se/info_till_studerande/
- Sätt upp realistiska mål och se till att ligga minst en vecka före i tidplanen för oplanerade händelser.
  - Människor är oftast optimister, tänk på att det kan hända mycket inte bara i utbildningen utan även privat.
- Den studerande bestämmer takten i utbildningen.
  - Utbildningarna har både studerande som går snabbare igenom och de som av olika anledningar behöver längre tid än det som är beräknat
- Minimera distraktionen när under studierna.
  - Ju mer fokus den studerande kan lägga under träningen, desto mindre tid tar det att få kunskap och nå färdighetsmålen.
- Hitta något som fungerar och arbeta strukturerat!
- HA ROLIGT!
- Bra länkar
  - https://www.facebook.com/Arbete.Genom.STUdier (studentprojekt)
  - https://www.linkedin.com/company/1405387/admin/ (studentprojekt)

- o http://alumn.agstu.se/ (examinerade studenters sida)
- o https://yh.agstu.se/ (kurssidan)

Efter examen
- Lärandet fortsätter och eftersom kunskapen finns och tekniken behärskas finns ett otroligt stort utbud inom området inbyggda system.

Några studerandes kommentarer efter examen:

Jessica; Väldigt utvecklande och roligt (stundtals mycket frustrerande). Ju längre in i utbildningen desto fler polletter trillar ner! I grunden är det mesta väldigt enkelt, det är fantastiskt att se något komplext och "omöjligt" brytas ner till simpla beståndsdelar. Min självkänsla har vuxit något enormt under detta år.

Karl-Adam; Utbildningen är bra upplagd med en liten mjukstart i början men kliver redan efter några månader in på lite mer krävande nivåer. Ett väldigt bra upplägg är att högre betyg sätts vid mött deadline, vilket efterliknar det verkliga arbetslivet och sporrar till att leverera i tid. Att ha tillgång till handledare via slack/tfn/mejl är oerhört bra och man ska inte vara rädd för att ställa dumma frågor, handledarna har själva varit i precis samma situation själva tidigare.

För vidare diskussioner och frågor, boka tid med en handledare, https://www.agstuworld.se/info_till_studerande/

2 INBYGGDA ELEKTRONIKSYSTEM

Inbyggda elektroniksystem betyder att elektroniken är inbyggd i produkten och specialiserad på att styra en produkt som exempelvis en bankomat, krockkudde, robot eller som en diskmaskin som visas i nästa figur.

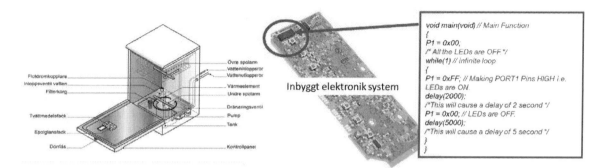

Figur 2. Tvättmaskin innehåller ett inbyggt elektroniksystem som styr produkten (Electrolux)

Kortet i mitten heter kretskort, det är en del av tvättmaskinen och den delen som styr (hjärnan) är den kretsen som är inringad. Resterande kretsar är till för att anpassa signalerna från/till omgivningen. Kretsen programmeras för att styra alla pumpar, motorer, lysdioder o.s.v. så att kunden blir nöjd. Det kan vara ett program som i figurens till högra exempel. Denna typ av system kallas inbyggt elektroniksystem eller inbyggt datorsystem, **här kallas det inbyggt system** (på engelska; embedded system).

Inbyggt system är fysiskt inbyggt i det system som den styr och är utformad för att bara styra systemet så kunden blir nöjd. Oftast är inbyggda systems blockschema lika mellan olika produkter, men realiseringen är väldigt olika. Nästa figur visar ett generellt blockschema av ett inbyggt system som bearbetar insignaler från bland annat givare och ger utsignaler till motorer, ventiler med mera. Förr var styrningen mekanisk, men med elektronik ges möjlighet till smarta funktioner, betydligt billigare och driftsäkrare.

Figur 3. Blockschema av ett system

En sensor mäter en fysisk storhet. Sensorer kan mäta temperatur, buller, ljus, lufttryck, belastning, rörelse, acceleration och annat. De kallas även för avkännare. Ett ställdon (engelska: actuator) är ett samlingsord för en anordning som används för att styra ett mekaniskt system. Ställdonet styrs av en signal från det inbyggda systemet och omvandlar denna signal till en mekanisk rörelse, till exempel genom att öppna en ventil, starta en motor eller slå på en fläkt.

Eftersom inbyggda system är specialiserade med väldefinierade uppgifter, är det inbyggda systemets attribut styrt av kostnad, driftsäkerhet, effektbehov med mera. Flygplan har fokus på hög driftsäkerhet medan en leksak har fokus på kostnad.

Det inbyggda systemet arbetar digitalt och världen runt om är analog. Det betyder att den analoga insignalen oftast måste omvandlas till en digital signal och även vice versa, den digitala utsignalen måste ofta omvandlas till en analog signal. Se nästa figur.

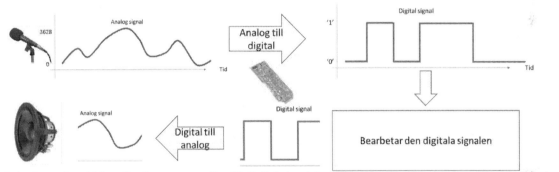

Figur 4. Analoga signal från mikrofonen omvandlas till digital signal, bearbetas, därefter omvandlas digitala utsignalen till en analog signal och styr högtalaren

Ingenjörer i Sverige är duktiga på att konstruera inbyggda system. Det finns många arbeten att välja på från exempelvis Ericsson som gör stora telefonsystem, ABB som håller på med kraft- och processystem till mindre system som alkoholmätare (Senseair) och handikapphjälpmedel (Motion Control).

3 Exempel på inbyggda system

Det finns enormt många olika produkter som har ett mer eller mindre avancerat inbyggt elektroniksystem som hjärna. Här följer några exempel.

3.1 Diskmaskin

Josephine Cochrane tog patent på uppfinningen av diskmaskinen 1886 med vattentryck. Den första elektriska diskmaskinen konstruerades efter första världskriget av Miele 1929. Men den fick inte den succé förrän efter andra världskriget. 1960 lanserades den första helautomatiska diskmaskinen för hushållsbruk. I dagens samhälle är det svårt att leva utan en fungerande diskmaskin hemma. Inte många personer orkar stå och handdiskar efter varje måltid. Men det är inte många som vet hur en diskmaskin fungerar.

3.1.1 Diskmaskinens beståndsdelar

Grunddelarna i varje diskmaskin oavsett märke är desamma. Dess huvudsakliga uppgift är att smutsig disk stoppas in och ren disk kommer ut.

Moderna golvdiskmaskiner behöver inte mer än 15–25 liter vatten per diskning. Även om två hinkar vatten inte är mycket i förbrukning, är det en hel del det hälls ut på golvet. För att förhindra översvämningar med ofta dyra och långdragna reparationer som följd, har diskmaskiner numera flera detaljer som är viktiga ur säkerhetssynpunkt. De viktigaste är heltäckande bottenplåt och översvämningsnivåavkännare (sensor), men det finns även andra viktiga säkerhetsdetaljer.

En diskmaskin tar in vatten till bottenskålen. Spolpumpen pressar sedan upp vattnet genom de roterande spolarmarna. Efter varje moment i programmet passerar det använda vattnet genom renssilen och ut i avloppet.

De flesta diskmaskiner följer huvudsakligen följande sex steg:

1. Vatten tillsätts. En ventil öppnas så att vatten rinner in i diskmaskinen.
2. Vattnet värms. Detta görs genom ett värmeelement.
3. Diskmedel tillsätts. Diskmedlet tillsätts automatiskt under moment av diskprogrammet.
4. Diskning. Det uppvärmda vattnet och diskmedlet pumpas ut genom spolarmarna och trycket får dem att rotera.
5. Sköljning. Rent vatten rinner till och värms upp som innan, men utan diskmedel denna gång.
6. Den andra omgången vatten dräneras.

7. Piper att det är klart.

Det är det inbyggda systemet som styr alla stegen.

Input

Diskmaskinens kontrollpanel består bland annat av en ON/OFF-knapp som sätter igång diskmaskinen. Diskmaskin har olika diskprogram för olika sorters disk. Det är normaldisk, vid normal smutsad disk. Det finns grytdisk, då det blir högre temperatur av diskvatten för att ta hand om smutsigare och flottigare disk såsom kastruller och grytor som klarar av högre temperatur. Det finns snabbprogrammet då disken är inte så smutsig och diskningen går snabbare. Kan vara bra då gästerna är många. Det går att välja att välja försening, d.v.s. en funktion för att välja när diskmaskinen ska starta. Hur lång tid det tar för varje disk är inprogrammerad i systemet.

Output

Det som förväntas av en diskmaskin är att den diskar disken ren och att den piper när disken är klar så att den rena disken kan plockas ur. Maskinen varnar även om det är dags att tömma filterkorg eller annan rengöring av diskmaskinen.

3.2 Digital Klockradio Philips AJ 3121

En digital klocka var vanligt för några år sedan och den användes för att slå på en radiokanal för att väcka användare till musik (förhoppningsvist). Klockan är uppbyggd med ett inbyggt system. Se nästa figur.

Figur 5. Digital klockradio

Klockan består av följande komponenter:
Inbyggt System
- Mikrokontroller

Sensorer (Insignaler)
- Radiomodul
- Tryckknappar

Ställdon (Utsignaler)

- 7-segmentsdisplay
- Högtalare

Det inbyggda systemets kontrollenhet som styr allt är en mikrokontroller (se nästa figur). En kvartskristall används som ger en mycket stabil frekvens som kan användas för klockan. Se nästa figur.

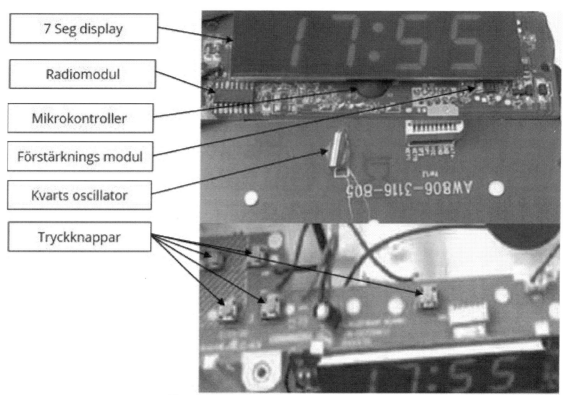

Figur 6. Bilden visar viktiga delar inuti klockan

Nästa figur visar kretsschemat för kretskortet.

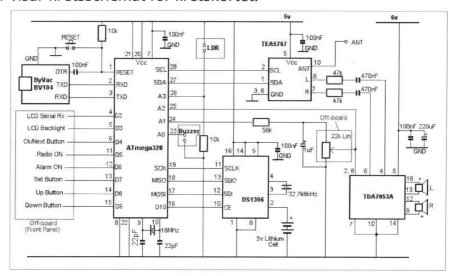

Figur 7. Kretsschema

De som arbetar med elektronikkonstruktion, måste på ett tydligt sätt visa vad de gör. Denna elektriska beskrivning kallas kretsschema eller kopplingsschema.

Det finns ett datablad för varje krets som ger ingående uppgifter om kretsen. Nästa figur visar kretsen DS1306.

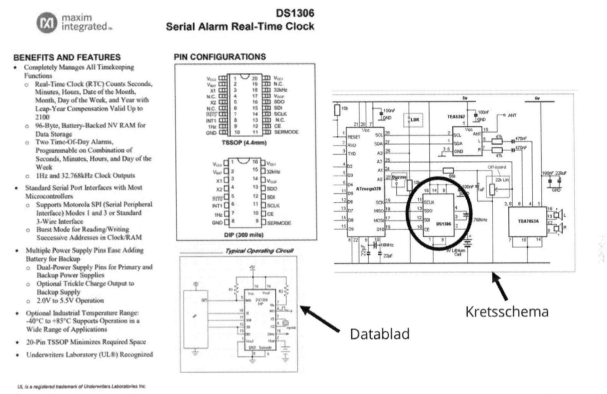

Figur 8. Till vänster datablad för kretsen DS1306

3.3 Fjärrkontroll

En fjärrkontroll är vanligt idag och kommer med vid köp av en tv-apparat. Fjärrkontrollen fungerar så att en digital signal skickas via den infraröda dioden till Tv:n som avkodar den och därefter utför den specifika operationen. Till exempel skickar fjärrkontrollen seriellt "10000001" via den infraröda lysdioden till Tv:n, så slås den på. Det är ett enkelt protokoll. En infraröd ljusemitterande diod (LED = Light Emitter Diode) avger infrarött ljus som inte är synligt för ögat. En infraröd LED fungerar som en vanlig LED. Se nästa figur.

En enkel fjärrkontroll har följande in o ut signaler:
Insignal:
- Tryckknappar

Utsignal:

- Infraröd diod

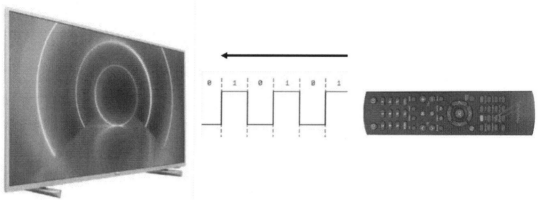

Figur 9. En fjärrkontroll (Philips och Sharp)

Fjärrkontrollen innehåller komponenterna (inbyggt system) som skannar knapparna och styr infraröda lysdioden. Fjärrkontrollen "blinkar" snabbt med LEDen och TVn kan se dessa "blinkningar" och kan avkoda dem. Se nästa figur.

Figur 10. Elektroniken i fjärrkontrollen

Programmet som kanske finns i kretsen kan liknas vid följande:

```
…….
WHILE(!INPUT(BUTTEN_A0)){ //KNAPP PÅ ÄR NERTRYCKT
  SEND_SIGNAL(0X40BF00FF); // SKICKA KODEN FÖR PÅ TILL TVn VIA LED
  DELAY_MS(500);
}
WHILE(!INPUT(BUTTEN_A1)){ //KNAPP AV ÄR NERTRYCKT
  SEND_SIGNAL(0X40BF807F); // SKICKA KODEN FÖR AV TILL TVn VIA LED
  DELAY_MS(500);
}
WHILE(!INPUT(BUTTEN_A3)){// …
………
```

Det är programmet som avkodar knapparna (WHILE(INPUT())) och om knappen är nertryckt, skicka informationen till TV:n via IR lysdioden (SEND_SIGNAL).

3.4 ABS (Anti-lock Braking System)

ABS (Anti-lock Braking System) finns i de flesta fordon idag. Det kan finnas i Motorcyklar, Bilar, Lastbilar och i flygplan. Dess huvuduppgift är att förhindra att hjulen låser fast som leder till friktion eller också förhindrar kontroll över bilen. Se nästa figur.

Komponenter som ABS kan bestå av:

Inbyggt system:
- ABS dator

Insignal:
- Hastighetssensorer

Utsignal:
- Relä till Hydralenhet, släpper på bromstryket

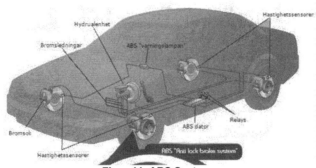

Figur 11. ABS System

ABS är uppbyggt ganska enkelt. Hastighetssensorer fästa vid varje hjul upptäcker om ett hjul är på väg att låsa fast. En in/output modulenhet får signaler från sensorn och i sin tur delvis släpper på bromstrycken vilket leder till att kontroll över bilen bibehålls vid kraftig inbromsning.

4 KONSTRUKTIONSMETODIK – ATT BYGGA INBYGGDA SYSTEM

Det är en stor skillnad mellan att bygga system som hobby och bygga system för en kommersiell produkt. Skillnaden är att en riktig produkt måste fungera mer än 5 minuter, den måste kunna underhållas, det måste finnas teknisk dokumentation, eventuella utvecklingsmöjligheter måste vara definierade med mera.
Redan idag tar till exempel testning mer tid än konstruktionsarbetet, då dagens industriföretag kräver bra kvalité av slutprodukten.

Utvecklingsmetodiken för det fiktiva företaget i den här kursen är uppbyggt med följande huvudsteg.
1. Veta vad som ska utföras - kravspecifikation
2. Kunna kontrollera att projektet genomförts efter kravspecifikation – testprotokoll
3. Kunna göra konstruktionsarbete med testprotokollsverifiering – verifierad konstruktion
4. Kunna validera av konstruktionen mot testprotokollet – validerad slutkonstruktion
5. När alla testfallen är accepterade, LEVERERA TILL KUND

4.1 Vad ska utföras - kravspecifikation

Inom industrin är kravspecifikationen viktig, eftersom den definierar vad som ska konstrueras. En kravspecifikation definierar jobbet och det är denna som ligger till grund för att leveransen ska vara den kunden har beställt.
Nästa tabell visas ett enkelt exempel på hur en kravspecifikation kan se ut.

Tabell 1. Exempel på kravspecifikation från kund med markerat om utfört.

Krav id	Beskrivning	Utfört Ja/nej
	Konstruktionskrav	
1	Konstruera ett inbyggt system med en tryckknapp som styr en lysdiod. Tabellen nedanför visar hur en tryckknapp styr en lysdiod. Valfri knapp och LED. Använd kretskortet DE10-lite.	JA

Tabell 2. Vad som visas på lysdioden.

Tryckknapp 0	LED_0
nedtryckt	Tänd
ej nertryckt	Släckt

Krav id	Beskrivning	Utfört Ja/nej
	Verifierings-/Valideringskrav	
2	Verifiera med ett eller flera testfall med ModelSim (får upp ett pulsdiagram).	JA
3	Validera att konstruktionen fungerar på kretskortet.	JA
	Rapportkrav	
	Inga	
	Leveranskrav	
4	Leveransen ska vara VHDL-filen och den ska levereras till Itslearning. Namnet på filen "fornamn_efternamn_intro_case_vdhl.vhd". Sista leveransdag se kursschema (för VG).	JA ☺

4.2 Hur kontrolleras det att projektet är genomfört? – testprotokoll

Att testa är en förutsättning för att produkten ska bli den kunden har beställt. Att testa är idag en naturlig del av utvecklingsarbetet, mycket på grund av att kunden inte tolererar dålig kvalité på leveransen. I vissa leveranser handlar det om mycket pengar eller säkerhet för människor och då är testtiden längre än konstruktionstiden. På större företag är det vissa personer som konstruerar och andra som testar.

Ett testprotokoll är dokumentation av det ingenjören vill testa för att veta att specifikationen följs. Finns det inte något testprotokoll är det svårt att ha kontroll över vad som är testat och följden kan bli att det är svårt att underhålla produkten. Det tillhör professionalism att ha testprotokoll. Oftast skrivs testprotokollen före eller parallellt med konstruktionsarbetet.

Två viktiga begrepp är verifiering och validering (se nästa figur):

- Med verifiering menas att det inbyggda systemet testas på många sätt under konstruktionsarbetet
  - o Exempel: ett delsystem kan vara en kamerakomponent som ska upptäcka ogräs med en AI-enhet och den verifieras separat från de övriga komponenterna och kanske i en simulator
- Med validering menas test "i verkligheten" och detta är mot specifikationen och oftast en gång
  - o Exempel: En robot som rensar landet ifrån ogräs, valideras med kund genom att den får plocka ogräs på ett land.

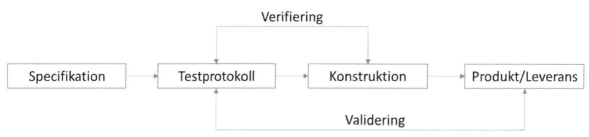

Figur 12. Begreppen verifiering och validering.

Testprotokollet utformas efter kravspecifikationen. I nästa tabell visas ett exempel på ett testprotokoll. Det är viktigt att dokumentera att testfallen fungerar. Att de fungerar ska "bevisas" med att acceptansbeskrivningen uppfylls. (Ofta används olika testprotokoll för verifiering respektive validering men här har detta förenklats till att endast använda ett protokoll). Först presenteras testprotokollet och då fylls inte något i utan endast det som ska testas beskrivs. Sedan under verifiering respektive validering fylls resultaten från dessa moment i.

Ofta kallas den sista testen av "produkten" för validering (eller leveranstest) och fungerar det enligt kundspecifikationen kan produkten levereras och utföraren får betalt.

Tabell 2. Testprotokoll för fyra NAND-grindar, verifiering (simulator) och validering (på utvecklingskortet).

Testfall	Insignalerna	Acceptans beskrivning av utsignaler	Verifiering Simulatorn	Validering Kortet
1	SW 0..7 = 0 Alla insignalerna in '0'	Utsignalerna '1'		
2	SW 0, 2, 4, 6 = 0 SW 1, 3, 5, 7 = 1 En av insignalerna till NAND grinden är '0'	Utsignalerna '1'		

3	SW 0, 2, 4, 6 = 1 SW 1, 3, 5, 7 = 0 En av insignalerna till NAND grinden är '0'	Utsignalerna '1'		
4	SW[0..7] = 1 Alla insignalerna in är '1'	Utsignalerna '0'		

Naturligtvis är testprotokollen betydligt mera komplexa i ett verkligt projekt, men det visar på principen. Nästa figur visar en annan vy av verifiering och validering.

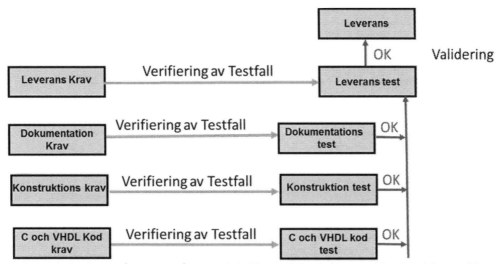

Figur 13. Det finns många krav på en produkt. Konstruktion är bara en del av produktutveckling.

4.3 Konstruktionsarbete med verifiering

Konstruktionsarbete med verifiering används för att hitta buggar (felaktigheter) så tidigt som möjligt. Det är dyrbart om ett fel upptäcks efter att leverans har skett. Det bäst och billigaste är att hitta felen precis när koden skrivs och provkörs.

Verifieringen kan vara ett pulsdiagram från en simulering av en hårdvarukomponent. I nästa figur visas simulering av konstruktionen från förra kapitlet, det är fyra testfall som ger rätt värde och då accepteras testfallet som "OK" vilket noteras i testprotokollet enligt nästa tabell.

Tabell 3. Testprotokoll ifyllt med resultat från verifiering.

Testfall	Insignalerna	Acceptans beskrivning av utsignaler	Verifiering Simulatorn		Validering Kortet
1	SW 0..7 = 0 Alla insignalerna in '0'	Utsignalerna '1'	OK		
2	SW 0, 2, 4, 6 = 0 SW 1, 3, 5, 7 = 1 En av insignalerna till NAND grinden är '0'	Utsignalerna '1'	OK		
3	SW 0, 2, 4, 6 = 1 SW 1, 3, 5, 7 = 0 En av insignalerna till NAND grinden är '0'	Utsignalerna '1'	OK		
4	SW[0..7] = 1 Alla insignalerna in är '1'	Utsignalerna '0'	OK		

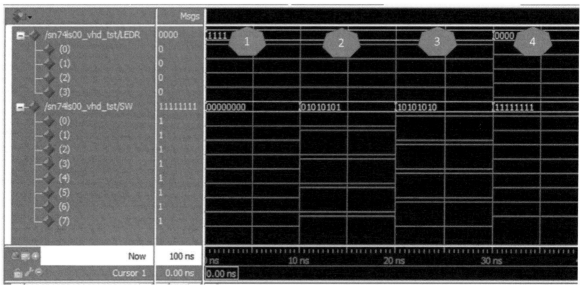

Figur 14. Exempel på verifiering av de fyra testfallen ovanför.

4.4 Valideringen av leveransen mot testprotokoll

Valideringen görs på det fysiska kortet, se nästa figur och testprotokollet fylls i (se nästa tabell).

Figur 15. Exempel på validering.

Tabell 4. Testprotokoll ifyllt med resultat från validering.

Testfall	Insignalerna	Acceptans beskrivning av utsignaler	Verifiering Simulatorn	Validering Kortet
1	SW 0..7 = 0 Alla insignalerna in '0'	Utsignalerna '1'	OK/ej OK	OK/ej OK
2	SW 0, 2, 4, 6 = 0 SW 1, 3, 5, 7 = 1 En av insignalerna till NAND grinden är '0'	Utsignalerna '1'	OK/ej OK	OK/ej OK
3	SW 0, 2, 4, 6 = 1 SW 1, 3, 5, 7 = 0 En av insignalerna till NAND grinden är '0'	Utsignalerna '1'	OK/ej OK	OK/ej OK
4	SW[0..7] = 1 Alla insignalerna in är '1'	Utsignalerna '0'	OK/ej OK	OK/ej OK

Kunden kanske har haft krav på en bild på en VGA-skärm, då kan valideringen bestå av tre testfall som ska ritas ut på skärmen, se nästa figur.

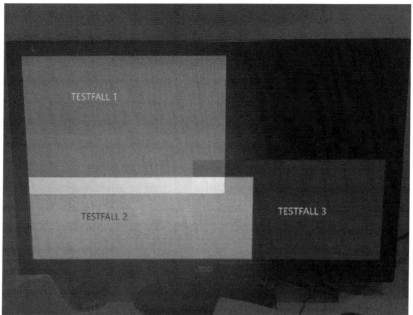

Figur 16. Tre testfall på en VGA-skärm.

4.5 När alla testfallen är accepterade, LEVERERA!

Det sista steget är att leverera dokumentation, testfiler och produktionsunderlag till kunden.

Dokumentationen är väldigt viktig i ett projekt. Detta för att det ska vara möjligt att underhålla och vidareutveckla produkten. En teknisk rapport är en viktig del i en leverans av en produkt.

4.6 STRUKTURERAT KONSTRUKTIONSARBETE

Många framgångsrika företag brukar säga att de vill ha strukturerade och resultatinriktade ingenjörer. Oftast uppnås resultat om arbetet utförs strukturerat. Resultatet efter att ha handlett många studerande och ingenjörer är att de som arbetar strukturerat kommer i mål på kortaste tiden. Fokuserat arbete med rätt saker vid en rätt tidpunkt i projektet.

Hur erhålls kunskap om att kunna arbeta strukturerat? Jo, det gäller att ha disciplin att jobba med en sak i taget och metodiskt. Naturligtvis är det svårt att riktigt precisera vad det är som gör skillnaden, men följande fyra punkter kan ge inspiration till läsaren.

Nummer ett (vad som ska utföras): Specifikationen är beställningen och ingenjören måste förstå den till 100%. Lite som om en person beställer en carport till sitt hus, förväntar hen sig att få den till 100% som det var tänkt, annars betalar hen inte. Det är alltså mycket viktigt att förstå vad som ska utföras. Läs kundens specifikation som en advokat.

Nummer två (Analys): Komplexitet är ett problem, därför behöv ett strukturerat tillvägagångssätt och metoder för att kunna hantera detta. Top-down nerbrytning är en bra väg att gå för att konstruera system. Att hitta smarta lösningar kan minska komplexiteten. Komplexitet är inget att leka med, det är svårt och måste hanteras med respekt! Skissa på top-komponent och sub-komponent arkitekturer, arbeta "top-down". Några tips:

- Använd abstraktion, arkitektur och hierarki.
- Bryt ner till hanterbara sub-moduler eller återanvänd moduler som finns.
- Varje sub-komponent ska ha en beskrivning som text, tillståndsgrafer, flödesdiagram, blockschema, lagermodell och så vidare.

Nummer tre (Konstruera och Verifiera): Konstruera nerifrån och uppåt. Först konstrueras och verifieras en komponent och sen läggs den komponenten i en annan och så vidare. Det går snabbt bygga ett "grovt" system med vissa funktioner och sen förfina systemet. Det går även att konstruera en del helt klar därefter nästa del. Det finns många varianter, men oftast är det sunt förnuft och erfarenhet som bestämmer tillvägagångssättet. Att bygga hela systemet och testa det i slutet kallas "Big Bang" och de flesta bruka inte rekommendera detta, men det finns undantag som denna metod passar för.

Nummer fyra (Leverans): Efter acceptans från valideringen då "specifikationen = leveransen", leverera till kunden. Här ska granskningen utföras som rollen hos en advokat och hen ska verkligen veta att leveransen är det kunden förväntar sig. Om leveransen kommer tillbaka gång på gång från kunden (inte fullständig), kan det bli sista ordern från den kunden.

5 ATT SKRIVA EN TEKNISK RAPPORT

I arbetslivet är det en förutsättning att ingenjörer kan dokumentera sitt arbete. Detta sker i form av någon slags teknisk rapport. Några bestämda regler hur en teknisk rapport ska utformas finns inte, men däremot finns det en allmän syn på hur en teknisk rapport ska vara strukturerad och vad den ska innehålla. Olika företag har olika mallar för sina rapporter vilket gör att ingenjören får anpassa sig till det företag hen arbetar för. Tekniska rapporter har ofta olika målgrupper, vilket innebär att det är viktigt att ha i åtanke, i skrivarbetet, vem som ska läsa rapporten.

Syftet med det här kapitlet är att ge exempel på hur en teknisk rapport kan utformas, struktureras, vad den kan innehålla samt ge några tips angående skrivprocessen och hantering av ordbehandlare för studerande på yrkeshögskolan.

Rapporten är en övergripande sammanfattning av hur en teknisk rapport/examensarbete inom yrkeshögskolan och specifikt för AGSTUs utbildningar, kan utformas. Den går inte in på detaljer och tar inte upp andra typer av rapporter. Vidare avgränsar sig författaren till att endast beskriva ett fåtal av de funktioner som finns i ordbehandlingsverktyget Word.

RAPPORTENS DISPOSITION

I den här delen presenteras ett förslag till hur en teknisk rapport kan vara strukturerad. Ofta benämns tre delar av en rapport. Dessa delar består av en inledande del, en huvuddel och till sist den avslutande delen. Det är inte helt ovanligt att de olika delarna av en rapport har olika målgrupper ute i industrin. Den inledande delen kan ofta vara avsedd för chefer och beslutsfattare medan ingenjörer och säljare är målgrupp för huvuddelen. Den avslutande delen vänder sig ofta till de personer som vill ha stor detaljkunskap om det rapporten handlar om. Det är viktigt att ha detta i åtanke när rapporten skrivs. Ett tips kan vara att tänka sig in i de olika läsarnas situation och försöka att verkligen förstå vad författaren (den studerande) själv skrivit!

5.1 Inledande del

5.1.1 Titelsida

Några uppgifter är generella för de flesta anvisningar gällande vad som ska finnas med i rapportens inledande del. På första sidan vilken ibland kallas försättsblad eller titelsida bör alltid följande uppgifter finnas:

- En bra förklarande och intresseväckande titel på rapporten
- Namn på den som har skrivit rapporten och gärna e-postadress
- Vilket datum rapporten publicerades
- Om det är ett företag eller organisation som ger ut rapporten ska även deras namn finnas med

Vissa företag har fler uppgifter med på titelsidan [1], det varierar, men ovanstående bör alltid vara med.

5.1.2 Sammanfattning

Tänk på att sammanfattningen inte kan skrivas förrän rapporten är klar. En sammanfattning ska kort sätta in läsaren i ämnet och sedan presentera de viktigaste resultaten och slutsatserna INTE tala om vad som ska göras utan vad som är gjort och hur det gick. Ute i industrin, när en beslutsfattare får rapporten läser hen först igenom sammanfattningen och därför är det mycket viktigt att få med resultat som kan vara avgörande för om hen kommer att välja att läsa vidare och kanske välja just detta arbete att gå vidare med.

Enligt Walla [1]

"Den absolut viktigaste delen av en rapport är *sammanfattningen* som ska lyfta fram rapportens viktigaste resultat och slutsatser enligt god löpsedelsteknik. Den ska också sätta in rapporten i sitt sammanhang, men utan att ge hela bakgrundsbeskrivningen. Sammanfattningen bör placeras i början av rapporten och helst före innehållsförteckningen. I mindre rapporter kan den gärna finnas redan på titelsidan. "

Exempel på sammanfattning från ett projekt inom TEIS [4]:

"En IP- komponent för noggrann och snabb hastighetsmätning genom användandet av inkrementella pulsgivare har konstruerats, analyserats, verifierats, validerats, och levererats. IP komponenten bygger på algoritmen Generaliserad Divisionslös MT-typ (GDLMT). Den konventionella MT-typ algoritmen är en välkänd och välbeprövad metod att uppskatta hastigheten hos mekaniska processer genom en inkrementell pulsgivare men ger i många fall ingen hastighetsuppskattning då färre än en puls per samplings period inträffar och hastigheten beräknas med hjälp av aritmetisk division. Denna IP komponent visar ett sätt att hantera dessa fall och utföra beräkningen utan division. IP-komponenten består av en pulsgivar-avkodare, samplings system med signalbehandling och en uträkning för hastighet. Hastighetsberäkningen är baserad på en andra ordningens tidsvariant differensekvation. Verifiering sker dels med en testbänk i ModelSim och dels genom samsimulering mellan ett experimentellt system i Simulink och ModelSim. Systemet har validerats på DE10-Lite utvecklingskort tillsammans med en inbyggd logikanalysator (SignalTap) i FPGAn. En arkitektur för validering är också uppbyggd. Ett arbete med avancerad teori, analysverktyg för verifiering, validering med en motor och levererat med alla dokument och referenser. Ett fortsatt arbete som kan vara mycket intressant att integrera IP-komponenten i ett HW/SW system. https://youtu.be/TwGLTZfFLzw"

5.2 Huvuddel

Det första steget kallas vanligen inledning, det andra steget handlar om tekniska beskrivningar som i detta fall är en kravspecifikation och konstruktionsbeskrivning. Det tredje och sista steget handlar om att presentera resultatet och även att dra slutsatser. Kom ihåg att om författaren skriver sina egna synpunkter måste det tydligt framgå. Skilj på objektivitet och egna reflektioner. Resultat ska vara objektivt beskrivna men däremot kan slutsatser och förbättringsförslag vara subjektiva!

5.2.1 Inledning

Här inleds rapporten med en text där läsaren ska få inblick i vad rapporten handlar om och kunna sätta sig in i problemet/uppgiften. En annan benämning på den här rubriken kan vara exempelvis "Introduktion". Det förekommer att rapporten har både "Inledning" och "Bakgrund" men i dessa fall är inledning överordnad bakgrund. Följande underrubriker till "Inledning" är vanliga:

- Bakgrund – Om rapporten avser en produkt, beskriva gärna vad produkten ska användas till och vad målet är med produkten. Till skillnad mot inledningen som har en mer allmän karaktär där ämnesområdet beskrivs har bakgrunden en starkare koppling till själva arbetet.
- Avgränsning – Exempelvis kan det röra sig om att förenklingar gjorts eller att något eller om det är vissa saker som hoppats över i rapporten. Avgränsning kan behöva göras så att inte arbetet blir för omfattande.

5.2.2 Kravspecifikation

En kravspecifikation beskriver **vad** det är som ska utföras. Under utbildningen finns det nästan alltid en färdig kravspecifikation men i arbetslivet behöver denna ofta tas fram i samråd med kund.

Funktionskraven kan om de är omfattande delas upp i underrubriker. Exempel:

- Systemskiss
- Mjukvarukrav – t.ex. att koden ska vara skriven i C
- Tidskrav
- Elektriska krav – vilka kontaktdon som ska användas
- Mekaniska krav – dimensionering av kretskort, kylning
- Miljökrav – ska klara en viss miljö
- Strömförsörjning – storlek på matningsspänning
- Myndighetskrav – Lagar och förordningar vilka måste följas
- Standarder
- Prestanda

- Tillgänglighet – ett viktigt system kanske måste vara igång 24-7 (tjugofyra timmar sju dagar i veckan) d.v.s. alltid
- Tillförlitlighet
- Underhåll
- Testning – att definiera hur produkten ska testas
- Kvalitets- och säkerhetskrav – livslängd och personsäkerhet

Det är viktigt att ha en bra struktur på kravspecifikationen. Det är ofta många olika människor som ska ta del av den och förstå vad den innebär. I samtal angående kravspecifikationen är det viktigt att kund och leverantör har samma uppfattning om vad det står i dokumentet. Kravspecifikationen ligger till grund för testprotokoll och även för konstruktionsdokumenten. Ett exempel på kravspecifikation från en av AGSTUs utbildningar visas i nästa figur.

Krav id	Beskrivning	Utfört Ja/nej
	Konstruktionskrav	
1	Skapa ett Quartus-projekt med namnet vhdl2_uppgift_4 och kopiera in VHDL- koden från den redan levererade vhdl2_uppgift 1a	
2a	Utsignalerna från chippet; VGA* ska tidsvalideras mot tidskraven i bilaga A	
2b	Lös eventuella tidsproblem i konstruktionen	
2c	De två klockdomänerna hanteras som exklusiva	
	Testprotokoll	
3	-	
	VHDL-kod	
4	Regler och riktlinjer för SDC, VHDL och C bör följas.	
	Verifierings-/Valideringskrav	
5a	-	
5b	-	
	Rapportkrav	
6	Skriv en rapport (pdf eller word): 1) Framsida med titel, förnamn, efternamn, e-post, datum och kort sammanfattning 2) Innehållsförteckning, sidnumrering och kapitelnummer 3) Den kompletta SDC-filen med kommentarer och snabbaste frekvensen som ett eget kapitel 4) Beskriv nätet med kortast slack, visa gärna var nätet är i VHDL-koden och RTL-schemat som ett eget kapitel 5) Beskriv eventuella problem som kan uppkomma mellan de olika klockdomänerna. Eget kapitel 6) Erfarenheter, eget kapitel Ett dokumentationskrav är också att figurer och tabeller ska ha numrering och beskrivning. Figurbeskrivning under figuren och tabellbeskrivning ovanför tabellen.	
	Leveranskrav	
7	Leveransen ska ske till Itslearning. Leveransen ska vara rapporten och det arkiverade projektet. Namnet på filen ska vara "fornamn_efternamn_vhdl2_uppgift_4". Sista leveransdag se kurs schema.	

Figur 17. Exempel på kravspecifikation.

5.2.3 Tidplan

Att planera arbetet på ett bra sätt gör att problemen att lösa uppgifter blir färre och enklare att lösa. Ofta vill kunden veta hur leverantören ligger till med avseende på leveransen. Kunden har kanske en kund i sin tur som inte vill acceptera förseningar. Syftet med planeringen är att komma i mål med så lite resursförbrukning (kostnader) som möjligt. Ett tips är att tänka igenom uppgiften, vad är det som ska utföras? Samla in data, kanske det redan finns mycket kunskap om uppgiften inom företaget. Gör en tidplan, genomför uppgiften och sist men inte minst – följ upp tidplanen. Tänk på att göra en tidplan som är realistisk. Det kan hända saker längs vägen och då måste tidplanen revideras. Det räcker i det här fallet med att göra en enklare plan. Exempel:

Vecka 1: Installation av programvara och inlärning av verktyg.

Vecka 2-3: Konceptuell design av olika logiska block som utgör funktionaliteten för en enhet som kan hantera avläsning av temperatur samt loggning av drifttid inom olika temperaturintervall.

Vecka 4: Utveckla och simulera en prototyp som fungerar. Integration med andra funktioner.

Vecka 5-6: Verifiering och Valideringsarbete.

Vecka 7-8: Editering och korrigering av VHDL-kod samt rapportskrivning.

Ofta anges tidplaner med ett så kallat Ganttschema [4], se figur nedan. Men det är inte något krav att göra.

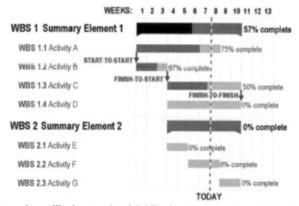

Figur 18. Gantt-schema som visar olika beroenden (röd färg) och procent avslutat arbete för varje delprojekt. [3]

5.2.4 Testprotokoll

Kravspecifikation ligger till grund för testprotokollet och specifikationen översätts för att kunna användas när testbänken konstrueras. Under rubriken testprotokoll presenteras protokollet utan några ifyllda resultat. I större projekt finns ofta olika testprotokoll för verifiering och validering (dessa två begrepp förklaras längre fram i rapporten) men här det förenklat till att endast omfatta ett protokoll för både verifiering och validering.

Ett exempel:

Krav 1: Om en utvald knapp vilken specificeras av konstruktören trycks ned ska motsvarande lysdiod tändas. Här används utvecklingskortet DE10-Lite.

Krav 2: Om samma knapp inte trycks ned ska lysdioden vara släckt.

Se tabell nedan.

Tabell 5. Exempel på testprotokoll.

	Beskrivning	Villkor	Verifiering (simulator endast i VHDL)	Validering (DE10-Lite)
Test av krav 1	Knapp nedtryckt	Lysdiod tänds		
Test av krav 2	Knapp inte nedtryckt	Lysdiod är släckt		

5.2.5 Konstruktionsdokument/konstruktionsbeskrivning

Konstruktionsdokument/konstruktionsbeskrivning beskriver **hur** uppgiften är tänkt att utföras. I En mycket viktig aspekt i hur konstruktionsdokumenten (och även andra delar av rapporten där försök av något slag utförs) utformas är att hela arbetet ska kunna upprepas av någon annan ingenjör med utgångspunkt från det arbete som är utfört och dokumenterat. Nedan följer några exempel på vad teoridel/konstruktionsbeskrivning kan innehålla.

- Funktionskrav – exempelvis ett blockschema, Intels DE10-Lite utvecklingskort ska användas, en knapptryckning ska generera något, data ska läsas från en givare o.s.v. Funktionskraven kan om de är omfattande delas upp i underrubriker.
- Systemskiss.
- Mjukvarukrav – t.ex. att koden ska vara skriven i C.
- Tidskrav.
- Elektriska krav – vilka kontaktdon som ska användas.
- Mekaniska krav – dimensionering av kretskort, kylning.
- Miljökrav – ska klara en viss miljö.
- Strömförsörjning – storlek på matningsspänning.
- Myndighetskrav – Lagar och förordningar vilka måste följas.
- Standarder.
- Prestanda.

- Tillgänglighet – ett viktigt system kanske måste vara igång 24-7 (tjugofyra timmar sju dagar i veckan) d.v.s. alltid.
- Tillförlitlighet.
- Underhåll.
- Testning – att definiera hur produkten ska testas.
- Kvalitets- och säkerhetskrav – livslängd och personsäkerhet.

Ett exempel på en övergripande systemskiss som visar en systemarkitektur för en konstruktion visas i nästa figur.

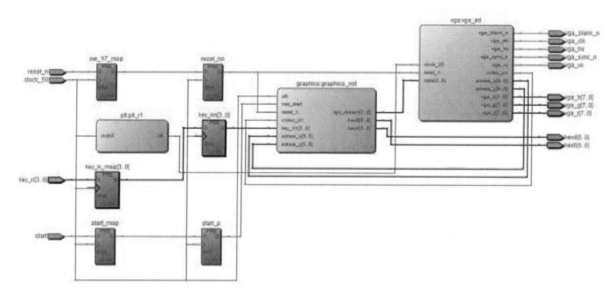

Figur 19. Exempel på övergripande systemskiss.

5.2.6 Verifiering

Under utbildningen förenklas detta med verifiering genom att först görs konstruktionen klar och sedan simuleras konstruktionen och resultaten från verifieringen skrivs in i testprotokollet (se nästa figur). I verkligheten utförs många fler verifieringar löpande under pågående konstruktionsarbete.

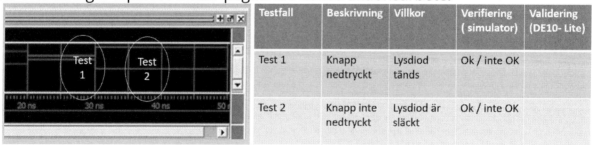

Testfall	Beskrivning	Villkor	Verifiering (simulator)	Validering (DE10- Lite)
Test 1	Knapp nedtryckt	Lysdiod tänds	Ok / inte OK	
Test 2	Knapp inte nedtryckt	Lysdiod är släckt	Ok / inte OK	

Figur 20. Simulering och resultat från verifiering.

5.2.7 Validering

Konstruktionen som nu är simulerad och verifierad laddas ner på målsystemet (i detta fall DE10-Lite) och körs. Då utförs validering. Se nästa figur.

Testfall	Beskrivning	Villkor	Verifiering (simulator)	Validering (DE10-Lite)
Test 1	Knapp nedtryckt	Lysdiod tänds	Ok /~~inte OK~~	Ok /Inte Ok
Test 2	Knapp inte nedtryckt	Lysdiod är släckt	Ok /~~inte OK~~	Ok / inte OK

Lysdiod   Knapp

Figur 21. Validering på målsystem.

5.2.8 Analys

Lite längre fram i utbildningen kommer olika saker att krävas av den studerande. Det kan vara saker som felmeddelanden "Warning" från kompileringen som finns kvar, vilka bör kommenteras. "Critical Warning" ska inte finnas kvar efter kompileringen. Maxfrekvens och storlek från Quartus-rapporterna ska finnas med. Beskrivning av storlek för hela konstruktionen och varje delsystem (icke optimerad konstruktion) ska göras. "Design Assistant förslag" ska kommenteras. Effektförbrukningsuppskattning ska göras samt även tidsvalidering, SDC-resultat med slack.

5.2.9 Diskussion samt förbättringsförslag

Under den här rubriken kan konstruktören diskutera och analysera det utförda arbetet. Här är det tillåtet att vara subjektiv och tycka till om olika saker. Det kanske har framkommit tankar om förbättringsförslag vilka kan vara intressanta för läsaren/kunden att ta del av (eller så håller författaren det lite för sig själv och sitt företag om det finns en tanke om den ny affärsidé eller produkt!). Författaren kan diskutera vad som var problematiskt i arbetet och diskutera arbetsmetoder och processer. Kanske kan författaren resonera runt om hur väl tidplanen hölls och vilka faktorer som påverkade leveransen kopplat till kravspecifikationen.

5.2.10 Versionshantering

Det är alltid bra att ha någon form av versionshantering över de dokument som hör till exempelvis ett projekt. Många företag har verktyg för detta som exempelvis GIT eller Subversion. Huvudsaken är att dokumenten har spårbarhet i tiden och om vem som har utfört ändringar. Det är bra att tänka på när dokument sparas och skickas iväg till en kund. I den här utbildningen är det viktigt att tänka på att "rätt" version av rapporten levereras.

5.3 Avslutande del

Referensförteckning och bilagor ingår i den avslutande delen av rapporten. Om inte författaren till rapporten refererat till någon av referenserna i förteckningen i huvuddelen av rapporten ska denna referens inte vara med i förteckningen.

5.3.1 Referenser och referensförteckning

Det finns olika sätt att ange referenser. I vetenskapliga sammanhang är det främst tre olika system som används. Dessa är *Harvardsystemet*, även kallat *parentessystemet*, *notsystemet* samt *siffersystemet* [2]. Författaren väljer i den här rapporten att hålla sig till siffersystemet. När det i texten ska refereras till en författare görs detta genom att skriva [x].

När citat används är det viktigt dels att göra ett indrag på texten dels att återge citatet exakt. Det är även viktigt att se till att citatet har en sidhänvisning till källan. Se exempel under rubriken "Rapportens disposition".

Ett exempel på hur en referenslista kan upprättas:
[1] Walla, Erik (2004) *Så skriver du bättre tekniska rapporter.* 2 uppl. Lund: Studentlitteratur – ISBN 91-44-01913-0
[2] Backman, Jarl (2008) *Rapporter och uppsatser.* 2 uppl. Lund: Studentlitteratur – ISBN 978-91-44-04826-0
Ett exempel för en elektronisk källa [1]:
Walla, Erik (2004) *Löpsedelstekniken.* [www] Dala Information AB
http://www.dalainformation.se/dokument/lopsedelstekniken.htm
hämtad 2004-09-10

I de fall författaren behöver vara säker på att kunna visa upp referensen bör materialet från refererad hemsida skrivas ut och/eller laddas ner. Det kan hända att det försvinner eller att webbsidan förändras efter en tid.
Det är viktigt att vara konsekvent och välja en teknik för referenser i rapporten.

Allt som inte är väsentligt för att läsaren ska kunna tillgodogöra sig innehållet i rapporten ska läggas som bilagor. Det kan vara beräkningar, datablad, programkod, mätvärden och konstruktionsritningar. Misslyckade försök och annat som inte är intressant för läsaren bör inte tas med. Bilagorna ska numreras t.ex. Bilaga 1, Bilaga 2 o.s.v. Vidare ska varje bilaga ha en benämning om vad den innehåller. Bilagorna ligger alltid sist i rapporten.

5.4   SKRIVPROCESSEN

Ibland kan det kännas otroligt svårt att komma igång med skrivarbetet. Ett sätt att angripa problemet kan vara att börja med att forma ett "skelett" med rubriker för att sedan fylla på med text. Det kan vara lättare för vissa personer att börja mitt i rapporten och sedan jobba sig utåt. Andra tycker att de vill börja från början och skriva i den ordning det ska vara när allt är färdigt. Ett sätt är att prova sig fram. Ett tips är att under arbetes gång (arbetet med själva uppgiften) skriva några meningar varje dag om vad som gjorts under dagen. Dagboksanteckningar är värda guld när det är dags att skriva rapporten!
Under utbildningen finns det ofta färdiga rapportmallar som kan användas.

5.5   Skriftspråk

En viktig sak att tänka på när skrivarbetet börjar är att konsekvent använda skriftspråk och inte talspråk. Ord som man, jag, vi o.s.v. ska inte användas. Försök att skriva generellt istället. Exempel:
Med en grundfunktion som styr en pixel kan **man** sedan bygga vidare på detta och skapa än mer avancerade funktioner.
Det är klart att det går att skriva så här men om det beskrivs mer generellt utan ordet "man" är detta att föredra:
Med en grundfunktion som styr en pixel kan mer avancerade funktioner skapas genom att bygga vidare på denna grundfunktion.
Försök även att undvika att skriva för långa meningar. Läs igenom och kontrollera att du själv förstår det du har skrivit!
Ett litet ord som ofta läggs till är det lilla ordet "så". Det behövs oftast inte. Exempel:
Det är roligt att skriva rapporter så därför utförs detta arbete ofta.
Här kan ordet "så" plockas bort.
Det är roligt att skriva rapporter, därför utförs detta arbete ofta.

5.6 Stavningskontroll

Idag finns det i de flesta ordbehandlare bra verktyg för att kontrollera stavning och meningsbyggnad. En del personer tycker att stavningskontrollen stör arbetet när rapporten ska skrivas, men tag för vana att göra en stavningskontroll innan arbetet skickas iväg till mottagaren!

Exempel:

Klicka på fliken granska som figur nedan visar.

Figur 22. Gå in under granska för att påbörja stavningskontroll.

Välj sedan Stavning och grammatik som nästa figur visar.

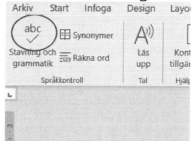

Figur 23. För att starta stavningskontroll.

Förslag fås från editorn om den hittar felstavningar. Se figur nedan. Ändra så att stavningen blir korrekt.

Figur 24. Stavningskontrollen visar en felstavning av ordet tycker.

5.7 FORMATERING I WORD

Den text som används för löpande text genom hela rapporten ska vara formaterad som Normal. Se figur nedan. Det är viktigt att inte blanda olika typsnitt och fontstorlek utan var konsekvent.

Figur 25. Normal används för brödtext (löpande text) i rapporten.

För att kunna ändra ett typsnitt och/eller storlek m.m. högerklicka på rutan där det står Normal. Välj "Ändra" i rutan som visas och då kan ändringar göras i rutan som visas i figur nedan. Tryck OK när ändringarna är utförda.

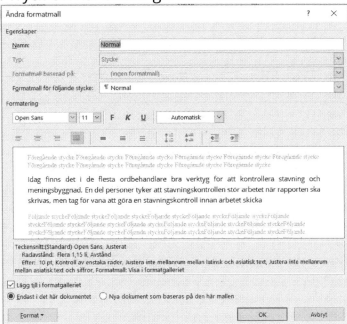

Figur 26. Att ändra på formatmallar i Word.

5.7.1 Rubriker och rubriknivåer

Det finns färdiga rubriker på olika nivåer i Word. Det som brukar användas som den högsta nivån är den som heter Rubrik 1. Försök att inte ha mer än fyra nivåer, alltså inte mer än Rubrik 4. Om alla rubriker formateras på rätt sätt inne i rapporten kommer det vara lätt att sedan infoga en innehållsförteckning (se kapitel 6.4). Om ett tomt Worddokument tas upp och en rapport ska påbörjas från grunden infogas den första huvudrubriken enligt följande.

Gå till menyraden och tryck på ⊞ . Klicka på den markerade rutan i figuren nedan och detta medför att rubrikerna kommer att vara rätt formaterade när de väljs.

Figur 27. Att starta upp formatering med rubriker i Word.

Figuren nedan visar ett exempel där ett dokument är uppstartat på det sätts som beskrivs ovan. Görs detta korrekt så kommer Word ihåg när nästa rubrik på respektive nivå infogas och då blir numreringen rätt.

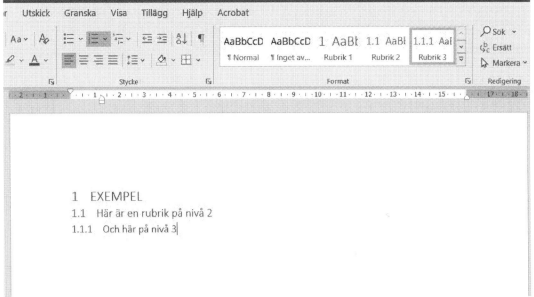

Figur 28. Exempel på start av ett nytt Worddokument med rubriker på olika nivåer.

För att sedan ändra på vilken font och vilken storlek och färg, rubrikerna har, se inledning på kapitel 6 men med den skillnad att det är den rubriknivå som ska ändras som det ska högerklickas på.

5.7.2   Infoga sidnummer

För att infoga sidnummer i rapporten väljs Infoga i menyraden och sedan väljs "Sidnummer" enligt figur nedan.

Figur 29. Att infoga sidnummer i Word.

Figur 30. Välj var sidnumret ska placeras.

Figuren ovan visar att det går att välja var på sidan som numret ska placeras och det går även att formatera sidnummer på olika sätt. När författaren inte vill att sidnummer ska visas på titelsidan (vilket inte brukar göras på tekniska rapporter), väljs först var numret ska vara placerat och då visas följande som figur.

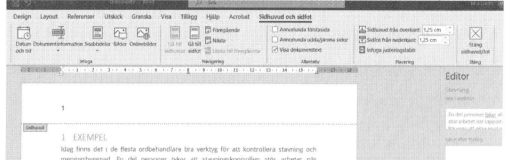

Figur 31. Att välja så att inte sidnummer visas på första sidan.

Klicka i "Annorlunda förstasida" och då visas inte sidnumret på sidan. Se figur nedan.

Figur 32. Inget sidnummer visas på första sidan.

5.7.3   Infoga försättsblad (titelsida)

Gå in under "Infoga" i menyraden och välj "Försättsblad". Se figur nedan.

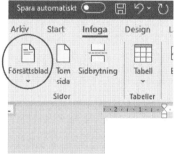

Figur 33. Infoga titelsida i Word.

Nu visas olika förslag på försättsblad/förstasidor. Välj något och ändra så att det passar.

Figur 34. Välj en titelsida

Sidnumret kommer nu inte visas på första sidan då rutan "Annorlunda förstasida" är ikryssad MEN förstasidan ska räknas som sida 1 även om inte numret ska visas. Då behöver en korrigering utföras så att sidan efter förstasidan visar sida 2. Dubbelklicka överst på sidan för att komma i läget för "Sidhuvud och sidfot" och välj formatera sidnummer enligt figur nedan.

Figur 35. Formatera sidnummer.

I följande figur som visas kan användaren välja att börja med 2 istället. (Eller önskat nummer).

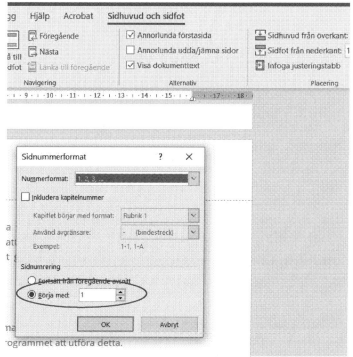

Figur 36. Att välja vilket nummer på sidan som numreringen ska börja med.

5.7.4 Infoga och uppdatera innehållsförteckning

När innehållsförteckning ska infogas är detta enkelt att få till förutsatt att alla rubriker är formaterad korrekt. Gå till "Referenser" i menyraden. Där finns en knapp som heter "Innehållsförteckning". Se figur nedan.

Figur 37. Att infoga en innehållsförteckning.

Placera muspekaren på första rubriken in rapporten (eller där innehållsförteckningen ska placeras) och klicka på "Innehållsförteckning" och välj ett alternativ. Då kommer en förteckning att visas. Se figur nedan.

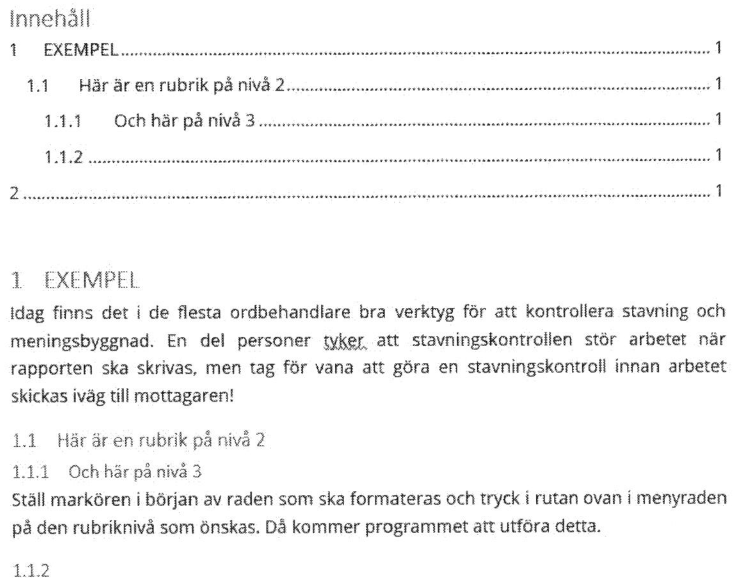

Innehåll

1 EXEMPEL 1

1.1 Här är en rubrik på nivå 2 1

1.1.1 Och här på nivå 3 1

1.1.2 1

2 1

1 EXEMPEL

Idag finns det i de flesta ordbehandlare bra verktyg för att kontrollera stavning och meningsbyggnad. En del personer tyker att stavningskontrollen stör arbetet när rapporten ska skrivas, men tag för vana att göra en stavningskontroll innan arbetet skickas iväg till mottagaren!

1.1 Här är en rubrik på nivå 2

1.1.1 Och här på nivå 3

Ställ markören i början av raden som ska formateras och tryck i rutan ovan i menyraden på den rubriknivå som önskas. Då kommer programmet att utföra detta.

1.1.2

Figur 38. Exempel på en infogad innehållsförteckning.

Innehållsförteckningen ska vara på en egen sida och den första huvudrubriken ska börja på en egen sida. För att infoga en sidbrytning efter förteckningen ställ muspekaren efter förteckningen och gå till menyraden och välj " Infoga" och sedan "Sidbrytning". Se figur nedan.

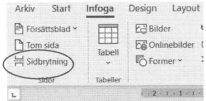

Figur 39. Att infoga en sidbrytning.

Om det tillkommer fler rubriker eller om någon rubrik ändrar namn utförs detta alltid ute i själva rapporten och sedan för att uppdatera innehållsförteckningen ställs muspekaren någonstans på innehållsförteckningen och användaren trycker på höger musknapp. Sedan väljs "Uppdatera fält" och vidare "Uppdatera hela tabellen". Då kommer ändringarna med utifrån rapporten. Ändra aldrig något i själva innehållsförteckningen!

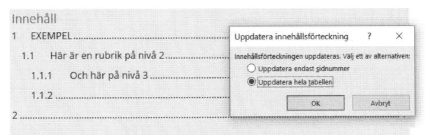

Figur 40. Uppdatera innehållsförteckning.

5.7.5   Infoga figurer och tabeller

Tabeller, bilder och figurer vilka samverkar på ett bra sätt med texten kan göra att läsaren lättare kan ta till sig det författaren vill beskriva och förklara. En figur som infogas i rapporten ska ha en förklarande figurtext **under** sig som i figur nedan och den ska vara numrerad på ett systematiskt sätt (för tabeller gäller **ovanför** tabellen). Alla figurer och tabeller ska ha en hänvisning i den löpande texten (exempelvis se figur, figur nedan visar..). Figurer vilka inte nämns i texten kan lika bra tas bort då de inte anses tillföra något till läsarens förståelse. Infoga först figuren eller tabellen. Ställ sedan markören under bilden eller ovanför tabellen. Gå in under "Referenser->Infoga beskrivning" och välj sedan figur eller tabell som figur nedan visar. Tryck OK.

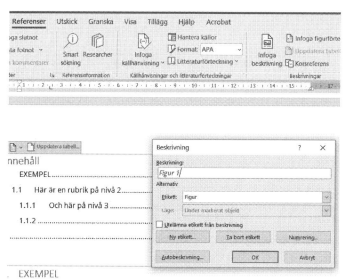

Figur 41. Infoga figur eller tabell.

Gör detta med alla figurer och tabeller som infogas för att lätt kunna infoga en figur eller tabell i efterhand och då ändå få "rätt" nummer på figuren/tabellen. Word kommer ihåg vilket nummer det ska vara om allt är rätt formaterat.

Figur 42. Figurbeskrivning ska stå under varje figur.

Antingen kan figurerna numreras löpande eller så numreras figurerna efter rubriken. I en större rapport kan det vara bra att dela upp det men under utbildningen rekommenderas det att ha en löpande numrering. Tänk på att tydligt förklara i figurtexten vad figuren visar. Figurtextens typsnitt bör skilja sig från den övriga texten i rapporten för att tydliggöra att det är en sådan text. Till figurer räknas även diagram men inte tabeller. När det gäller tabeller ska tabellbeskrivningen stå **ovanför** tabellen som i tabellen nedan. Tänk på att göra tabellen överskådlig.

Tabell 6. Delar av ett schema för att visa hur en tabellbeskrivning placeras [3].

Moment Nr (vecka)	VHDL	Verktyg	Tidsverifiering	Uppgifter och Projekt (Obligatoriska)	För högre betyg (Frivilligt)
36	- Teori VHDL - Översikt Fixa två enkla knappar och en lysdiod.	- Teori DS 1 - Kok_1 - Kokbok - Kokboksfiler		Uppgift 1	
37	- Teori VHDL 1 - Kok_1a_b (sid 84-85) - Kokbok - Kokboksfiler	- Teori DS 2 - Kok_2			

För att kunna ändra typsnitt och storlek på figur- och tabellbeskrivning välj rutan med beskrivning som figur nedan visar och högerklicka på rutan och välj "Ändra". Där kan text och storlek formateras. Om författaren väljer en punkt, semikolon eller blanksteg mellan nummer och beskrivning är detta valfritt men var konsekvent med alla figurer/tabeller.

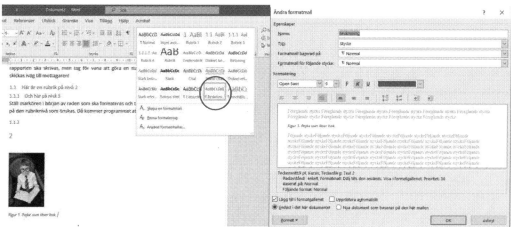

Figur 43. Formatera figurtext och storlek.

5.8 REFERENSER

Det finns många olika sätt att ange referenser i en rapport. För mer information se kapitel 2.3.1 i början av denna rapport. Här nedan visas ett exempel som enligt författaren är att föredra i tekniska rapporter som inte är så omfattande. Det är överskådligt och enkelt. Tänk på att de referenser som finns med i listan ska ha en hänvisning någonstans i rapporten. Referenser som inte används ska inte vara med. Hämtas en referens från Internet ska alltid hämtningsdatum anges.

[1] Walla, Erik (2004) *Så skriver du bättre tekniska rapporter.* 2 uppl. Lund: Studentlitteratur – ISBN 91-44-01913-0

[2] Backman, Jarl (2008) *Rapporter och uppsatser.* 2 uppl. Lund: Studentlitteratur – ISBN 978-91-44-04826-0

[3] http://sv.wikipedia.org/wiki/Gantt-schema, hämtad 2012-10-05

[4] Hjälmås, Albin (2019), FPGA-Baserad Hastighetsmätning Med Inkrementell Pulsgivare

5.9 BILAGOR

Här ska alla bilagor ligga. Sist i rapporten. Bilagorna ska **inte** numreras (i detta fall som exempelvis 6.1 o.s.v.), utan bara radas upp i den ordning de kommer. Bilagorna ska ha en rubrik formaterad så att de kommer med i innehållsförteckningen. Exempel:

Bilaga 1 Test

Bilaga 2 Bilder

Bilaga 3 Datablad

SLUT på att skriva tekniska rapporter!

6 OLIKA BESKRIVNINGSSÄTT

Det här kapitlet handlar om olika sätt att beskriva något beteende, till exempel en styralgoritm för en diskmaskin. Det finns tillgång till en uppsättning av olika sätt att beskriva beteende och vilket beskrivningssätt som används bygger oftast på erfarenhet.

Vanligt språk används oftast för att beskriva funktionskrav på abstrakt nivå, men ett problem med den beskrivningen är att den oftast inte är tillräckligt exakt för utvecklingsingenjörerna. Därför motiveras det att använda andra beskrivningssätt när en mera exakt beskrivning skapas eller som används i delar av kravspecifikationen.

6.1 Beskrivning med flödesdiagram

En funktion kan beskrivas med ett grafiskt flödesdiagram eller som det ibland kallas flödesschema (engelska flowchart). Som namnet antyder är det ett flöde med villkorssatser med mera, representerade i en grafisk figur. Ett flödesdiagram kan beskriva olika saker som till exempel ett helt program eller en specifik algoritm. Flödesdiagram kan vara flexibla som att beskriva en specifik detalj eller ett helt program på en hög abstraktionsnivå. Fördelen med dessa typer av beskrivningar är att de oftast enklare att förstå än ett program skrivet i C. Därför används de oftast att beskriva funktionerna i den tekniska rapporten. Detta förenklas något i den tekniska rapporten för att ge läsaren en översikt av programmet som kanske är skrivet i C.

Ett flöde kan sägas rinna nedåt, ungefär som en vätska. I ett flödesdiagram binds olika grafiska symboler ihop av pilar för att illustrera ordningen i flödet. Ibland kan ett flöde brytas av ett vägval som styrs av ett villkor. Då kan flödet ta två eller flera olika vägar. Nästa figur beskriver några av de vanligaste förekommande symbolerna i flödesscheman.

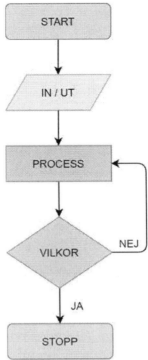

Figur 44. Exempel på flödesschema eller flödesdiagram.

START / STOPP indikerar att flödet börjar eller stannar. En funktion har alltid en början och den kan ha ett STOPP men många gånger används en oändlig loop.

IN / UT beskriver att data antingen läses in eller ut från flödesschemat.

PROCESS kan innehålla många olika saker som till exempel en uträkning eller en ett annat flöde med en start och början. Det kan byggas en hierarki av flödesscheman.

VILLKOR är ett beslut som tas med minst två olika val.

Mer att läsa om flödesschema:
- **https://sv.wikipedia.org/wiki/Flödesschema**
- **https://cacoo.com/resources/flowchart-guide/**

6.2 Beskrivning med pseudokod

När program skapas för en funktion i ett system, kan vana programmerare ofta visualisera vad som behövs göras i huvudet. När det kommer till komplexa funktioner kan först en skiss med penna och papper behöva göras. Detta kan göras på många sätt men en enkel form av kod-skiss kallas för pseudokod. Delar av en funktion som är "uppenbar" behöver inte skrivas ut entydigt utan mer i ett naturligt skrivspråk. Ska till exempel en algoritm utvecklas används en pseudokod som liknar målspråket i struktur och form. Det är alltså ett beskrivningssätt som ger mycket stor frihet. Den ska vara enkel att läsa men vara tillräckligt detaljerad för att förklara vad som ska göras för att senare implementeras i ett programspråk. Det går att blanda text, programmeringsspråk och matematik. Språket bör skrivas på ett sätt att andra också kan läsa och förstå vad som händer. Detta kallas pseudokod.

Pseudokod kan t.ex. se ut som följande:

1. Mata in ett tal
2. Lägg till tal och summera från förra gången
3. Mata ut resultatet

Det går även att använda ett språk som liknar C-språket i strukturen:

2. Summa = Summa + tal;

Det går också bra att blanda talspråk med C-liknande språk så länge det är tydligt och lättläst:

1. Be användaren mata in ett tal
2. Summa = Summa + tal;
   Summa är från föregående start.
3. Printf summa på skärmen och vänta på ett "return"

Att använda pseudokod för att dokumentera en lösning passar ibland bra. Eftersom pseudokod har en stor flexibilitet när det gäller att uttrycka vad som sker, kan den vara ett beskrivningsspråk i tekniska rapporter. I den tekniska rapporten kan pseudokod blandas med flödesdiagram. Det finns stora friheter, målet är att läsaren ska förstå konstruktionen.

6.3 Exempel på hur flödesdiagram och pseudokod kan användas för att skriva programkod

Nästa figur visar exempel på en algoritm för att hälla vatten i ett glas som beskrivs på tre olika sätt. Med flödesdiagram, pseudokod och resulterar i C-kod. Här har lösningen delats upp i olika moment. För att försöka förstå vad som ska göras gjordes först ett flödesschema med penna och papper. Därefter med pseudokod.

Från pseudokod översattes koden till programspråket C. När allt fungerade som det skulle kunde flödesschemat och eventuellt även pseudokoden sedan återanvändas till den tekniska rapporten som levererades till kunden. Då är det lätt för kunden att underhålla och vidareutveckla funktionen. Det finns naturligtvis olika vägar att gå direkt från flödesdiagram till C-kod eller direkt från pseudokod till C-kod, det beror på situationen. Sunt förnuft!

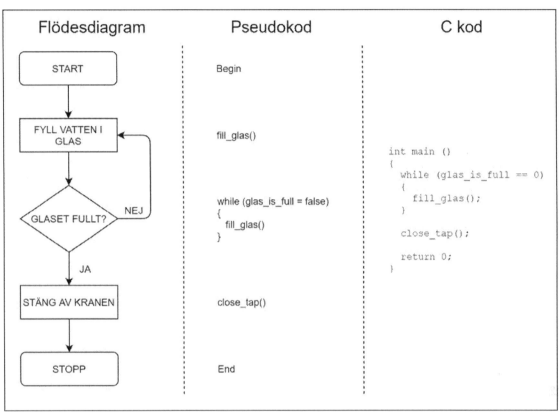

Figur 45. Exempel på problemlösning med flödesdiagram, pseudokod och C kod (ref)

6.4 Beskrivning med tillståndsgraf

Beskriv kort med ett exempel i C och ett i VHDL.

Att beskriva en konstruktion med att dela upp det i olika tillstånd är ett bra sätt för att minska ner komplexiteten. Som namnet innehåller så betyder det att ett objekt kan ha olika tillstånd men bara ett åt gången. Det betyder också att konstruktören kan analysera ett tillstånd åt gången och det minskar ner komplexiteten. Objektet kan inte ha två tillstånd samtidigt.

Följande exempel visar en maskin som har följande tre tillstånd:

- KÖR: maskinen exekverar ett program.

- PROGRAMMERING: maskinen programmeras från en operatör

- FEL: Något har gått fel och maskinen står still

Maskinen kan enbart vara i ett av dessa tillstånd åt gången. Ett annat exempel är en affär som är antingen öppen eller stängd, den har två tillstånd. Den kan alltså inte vara öppen och stängd samtidigt. Det är det som är styrkan med tillståndsgrafer. Att ett objekt kan enbart vara i ett tillstånd åt gången, som exemplet med maskinen och affären visade.

En tillståndsgraf beskriver olika tillstånd och villkor för övergångar från ett tillstånd till ett annat. Tillståndsgrafer används ofta i mjukvara och hårdvara för att beskriva ett kontrollflöde. En tillståndsgraf kan enkelt översättas till en tillståndsmaskin i mjukvara eller hårdvara.

Begrepp (se nästa figur):
- Tillståndsgrafens grundelement är tillstånd ("state") som representerar ett visst status för objektet. Till exempel en dörr kan ha tillståndet öppen eller stängd, det är enbart två tillstånd.
- En övergång ("transition") kopplar samman två tillstånd. Det är övergångarna som gör att objektet byter tillstånd. För att en övergång ska ske måste ett villkor uppfyllas annars stannar maskinen kvar i samma tillstånd. I figuren nedanför byter dörren tillstånd från "Closed" till "Open" när villkoret "open_door" är sann (någon öppnar dörren).

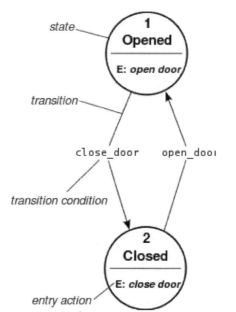

Figur 46. Tillståndsbegrepp, Referens: Wikipedia.

Föregående figur visar ett standardiserat sätt att rita tillståndsmaskiner med ringar som tillstånd och pilar som övergångarna med villkor.

Några exempel

Specifikation:

En lampa ska tändas när en person (någon) är i närheten, annars ska lampan vara släckt.

Konstruktion:

Lampan kan vara i två tillstånd: Tänd (on) och släckt (off).

Insignaler:

- Övergång från släckt till tänd tillstånd: Om "någon är i närheten".
- Övergång från tänd till släckt tillstånd: "Ingen är i närheten".

Utsignaler:

- Off (Släck)
- On (Tänd)

Tillståndsgraf, se nästa figur.

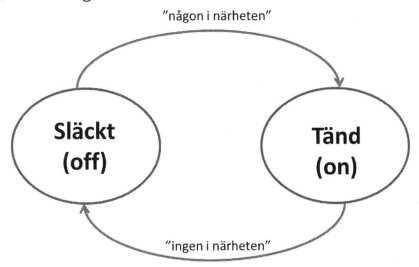

Figur 47. Styrning av en lampa med utsignalerna "on" och "off". Insignal "någon i närheten" och "ingen i närheten".

Ett annat populärt exempel är en modell för en dörr (nästa figur). En dörr kan vara öppen eller stängd. För att gå mellan dessa två tillstånd måste antingen dörren öppnas eller stängas. Villkoren för att kunna öppna eller stänga beror på vilket det aktuella tillståndet är. Är dörren stängd går det, i det här exemplet, endast öppna dörren. Försöker användaren att stänga en stängd dörr så händer ingenting. Är dörren öppen kan användaren endast stänga den. I denna graf finns det två insignaler och det är "STÄNG" och "ÖPPNA".

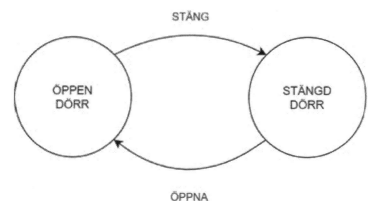

Figur 48. Tillståndsgraf för en enkel dörr.

Ett annat exempel på en tillståndsgraf innehåller ett extra tillstånd där dörren också kan vara låst, se nästa figur.

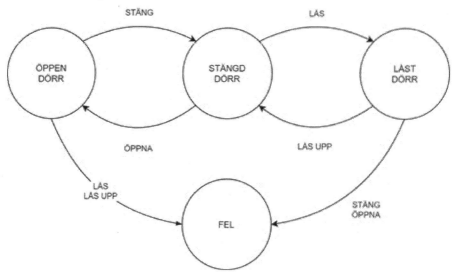

Figur 49. Dörr med lås.

I det här exemplet kan dörren även låsas men det kan endast ske då dörren är stängd. Försöker användaren att låsa dörren då dörren är öppen hamnar tillståndsmaskinen i tillståndet FEL. Det kan till exempel vara meningsfullt om förbjudna övergångar vill noteras eller att användaren av säkerhetsskäl vill stoppa tillståndsmaskinen.

En annorlunda variant av den dörren med lås är att ha ett feltillstånd vid felaktiga övergångar. Istället vid fel insignal kommer inga tillståndsövergångar att göras. Det kan vara mer önskvärt om användaren vill förhindra att en dörr fastnar i ett feltillstånd. Ett exempel med dörren beskrivs i nästa figur.

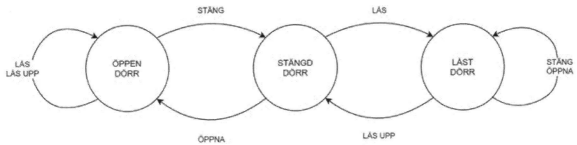
Figur 50. Låsbardörr utan feltillstånd.

Översättning av tillståndsgraf till programkod

Det är relativ rakt på sak att översätta en tillståndsgraf till ett programmeringsspråk för mjukvara eller hårdvara. Det finns verktyg som automatiskt översätter en tillståndsgraf till kod. Ett enkelt exempel med den enkla dörren som har två tillstånd är följande C-kod:

```
//Loop for ever
…
switch (State) { // State is the variable for the state
    case ÖPPEN_DÖRR:
        IF STÄNG then State = STÄNG_DÖRR; // Change to state STÄNG_DÖRR
        break;

    case STÄNGD_DÖRR:
        IF ÖPPEN then State = ÖPPEN_DÖRR; // Change to state ÖPPEN_DÖRR
        break;
}
```

Flera externa länkar
Introduktion och exempel av tillståndsgraf och tillståndsmaskin:
- **https://sv.wikipedia.org/wiki/Tillståndsmaskin** (text)
- **https://www.youtube.com/watch?v=-Yicg2TTMPs&t=78s (exempel)**

Beskriver hur tillstånd kan definieras utifrån en specifikation:
- **https://www.youtube.com/watch?v=WrqHCPkyHtM&t=4s**

6.5 Digital beslutslogik - Boolesk Logik

I detta kapitel introduceras begreppet boolesk logik. Boolesk logik är ett enkelt sätt att räkna ut "sanning" av ett uttryck med enkla operationer på variabler som har värdet sant eller falskt. Boolesk logik passar bra för att kontrollerande/styrande funktioner, eftersom den bara hanterar '1'/'0' och '1' kan vara sant (true) och '0' kan vara falskt (false). Ett exempel kan vara att en variabel "motor_på" antingen är sann

('1') eller falsk ('0'). Ordet Boolean kommer från George Boole, (https://es.wikipedia.org/wiki/George_Boole), som beskrev formell logik i slutet av 1800 talet. Att kunna detta är en grundförutsättning för att kunna konstruera system.

Det fungerar på samma sätt i programmering av hårdvara (HW) eller mjukvara (SW), skillnaden är att syntaxen är olika.

De grundläggande operationerna för den booleska logiken är:

- ELLER (OR), "svar >= a OR b". Det räcker att variablerna 'a' eller 'b' eller båda är sanna för "svar" blir sant, annars falskt. För mjukvaran skrivs " ||".
- OCH (AND), "svar <= a AND b". För att "svar" ska bli sant måste både 'a' och 'b' vara sanna. I alla andra fall så är svaret falskt. För mjukvaran skrivs "&&".
- INTE (NOT), "svar <= NOT b". Svaret inverteras, d.v.s. om 'b' är sann blir "svar" falskt och tvärtom. För mjukvaran skrivs "!".

Det går att skriva "true = NOT (false)", och detta uttryck är matematiskt sant! Detta eftersom variabeln bara kan ha två olika värden och det är sant eller falskt.
True = '1', och NOT (false '0') blir true, eftersom NOT inverterar värdet till true ('1').
Detta kan användas i olika programmeringsspråk som exempelvis (VHDL):

```
IF (a and b) THEN printf("Både a och b är sann") ELSE printf("a eller b
är falsk)END IF;
```

6.5.1 Boolesk Logik för HW-programmerare

Ett kombinatoriskt nät som visas i nästa figur, är digital logik som implementeras av enbart logiska grindar, och där utsignalen är en ren funktion av nuvarande insignal.

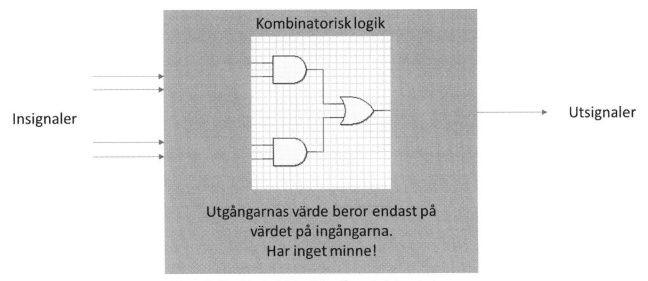

Figur 51. Kombinatorisk logik består av fysiska grindar.

Typiska byggblock i kombinatorisk logik är följande (Boolesk logik):

AND (OCH): Alla insignaler måste vara ett för att utsignalen ska bli ett. Annars är den noll.

OR (ELLER): Det räcker att minst en insignal är ett för att utsignalen ska bli ett. Om alla insignaler är noll är även utsignalen noll.

NOT: Den inverterar insignalen, detta innebär att en etta på insignalen ger en nolla på utsignalen. Se nästa figur.

USA Standard = Europeisk Standard

AND

OR

NOT

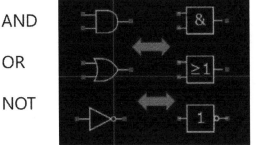

Figur 52. Grundläggande logikbyggblock.

Grindarna i figuren ovan visar två olika standarder som finns och det är inte entydigt var de används, men det är heller inga problem att förstå båda standarderna.

Typiska sätt att beskriva kombinatorisk logik är:

- Sanningstabell
- Grindnät
- Boolesk algebra

Sanningstabell

En logisk funktion kan beskrivas i en sanningstabell (truth table). Sanningstabellen består av insignaler och utsignaler som visas i tabellen nedan. I tabellen finns alla insignalskombinationer och den visar även vad utsignalen får för värde för aktuell funktion (I detta fall OCH). Eftersom det är ett kombinatoriskt nät, beror utsignalen **enbart** av insignalernas värde.

Tabell 7. Sanningstabell för den logiska funktionen OCH (AND).

Ingång_A	Ingång_B	Utgång
0	0	0
1	0	0
0	1	0
1	1	1

Grindnät

Logiken kan även beskrivas med grindar, se nästa figur. Tidigare var detta ett vanligt sätt att arbeta.

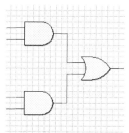

Figur 53. Grindnät.

Boolesk algebra

Ett annat sätt är att beskriva en logisk funktion är att använda boolesk algebra. Uttrycken kallas då för "booleska uttryck". Här nedan visas ett exempel på ett sådant uttryck. För att öka förståelsen efterliknas det sätt som används vid programmering med programmeringsspråket VHDL. Parenteser gör så att det är enklare att läsa uttrycket och kan även i vissa språk styra i vilken ordning resultatet räknas ut.

```
Out <= In_1 OR in_2 AND (in_3 AND NOT in_4);
```

Enkelt Exempel

Nästa figur visar de tre olika sätten att beskriva samma logiska AND funktion. Överst visas en sanningstabell, därefter grindsymbol och sist booleskt uttryck.

Ingång_A	Ingång_B	Utgång
0	0	0
1	0	0
0	1	0
1	1	1

Utgång <= Ingång_A **AND** Ingång_B

Figur 54. Tre sätt att beskriva samma sak.

Konstruktionsmetodik för att konstruera denna typ av nät är:

- Specifikation: Förstå vad som ska göras och skapa ett testprotokoll.
- Testprotokoll: Ett protokoll med testfall som konstrueras enligt vad som står i kravspecifikationen. Exempelvis om det står att en röd lampa ska tändas när en viss knapp trycks ner ska detta vara med i testprotokollet som ett testfall.
- Konstruktion: "Översätt" (konstruktion) specifikationen till en kombinatorisk beskrivning (hur).
- Optimera: Detta utförs av verktyget. (Verktyget är de program som används vid konstruktion.
- Verifikation: Testa alla testfallen i testprotokollet och fyll i resultaten under rätt kolumn. Använd en simulator.
- Validering: Testa alla testfallen i testprotokollet och fyll i resultaten under rätt kolumn. Använd produkten.
- Leverera: Leverera till beställaren.

Testprotokoll

I detta fall kan samtliga kombinationer testas. Då konstruktionen har två ingångar blir den 100% testad med fyra testfall. Testfallen är: "00", "10", "01" och sist "11" som tabell nedan visar.

Tabell 8. Testprotokoll med fyra testfall.

Testfall	Insignaler "A" och "B"	Förväntad utsignal. Acceptans	OK?
1	"00"	'0'	
2	"01"	'0'	
3	"10"	'0'	
4	"11"	'1'	

Verifiering

Att verifiera kombinatoriska nät görs i en simulator. I simulatorn görs en modell av konstruktionen som ges olika insignaler (instimuli). Ett antal testfall kan utföras för att verifiera att den funktionalitet som är beskriven i kravspecifikationen uppfylls. Nästa figur visar en simulator som kan användas för att ge olika värden för att testa de olika fallen.

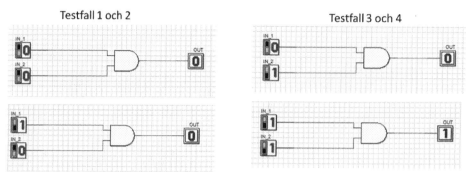

Figur 55. Fyra testfall i simulatorn, 100% verifierad.

Nästa figur visar ett annat sätt som oftast är enklare att använda för att verifiera lite mera komplexa konstruktioner. Först definieras insignalerna och detta visas i nästa figur. Det betyder att insignalerna läggs ut på olika sätt i tiden.

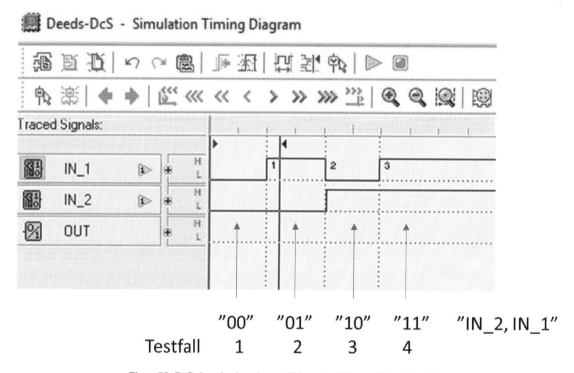

Figur 56. Definiera insignalerna till konstruktionen före simuleringen.

Nästa steg är att kontrollera att alla testfall kan accepteras (OK) genom att titta på utsignalen. Nästa figur visar två insignaler och en utsignal. Fyra testfall, fyra olika insignaler (IN_1, IN_2) och fyra förväntade utsignaler (OUT).

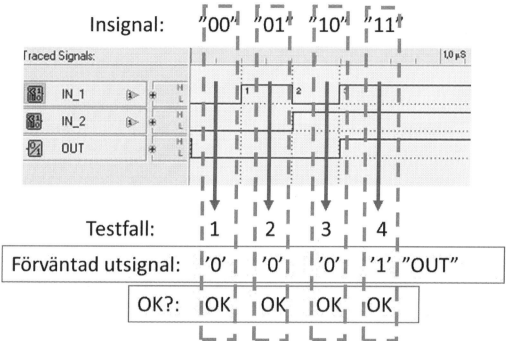

Figur 57. Simulering av det kombinatoriska nätet och kontroll av förväntad utsignal.

Det sista steget är att fylla i testprotokollet för verifieringen. Se nästa tabell. Varje testfall identifieras och det symboliseras med de streckade linjerna i föregående figur. När allt är OK är komponenten verifierad.

Tabell 9. Ifyllt och accepterat testprotokoll.

Testfall	Insignaler	Förväntad utsignal	OK?
1	"00"	'0'	OK
2	"01"	'0'	OK
3	"10"	'0'	OK
4	"11"	'1'	OK

Ett mer komplext exempel

Enligt kravspecifikation vill en kund ha ett larm som tutar om hen glömmer att sätta på sig bältet när motorn är igång. Vidare ska det finnas en signal som stänger av larmet. Signalen för om larmet är på eller av (On_larm) är en manuell brytare som användaren själv väljer läge på.

Följande signaler ska vara med i konstruktionen (se även nästa figur):

On_larm: (insignal)

= 1 Larm på

= 0 Larm av

Motor_på: (insignal)

= 1 på

= 0 av

Bälte_på: (insignal)

= 1 påsatt

= 0 inte påsatt

Larm_on: (utsignal)

1= LARM!

0= inget larm

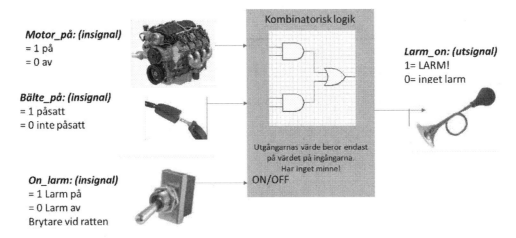

Figur 58. System interface.

Testprotokoll skapat efter kravspecifikation se tabell nedan.

Tabell 10. Testprotokoll.

Testfall	Insignaler (On_larm, Motor_på, Bälte_på)	Förväntad utsignal Larm_on	Verifiering OK? (Simulering)	Validering OK? (På mål-systemet, bilen)
1	"000"	0		
2	"001"	0		
3	"010"	0		
4	"011"	0		
5	"100"	0		
6	"101"	0		
7	"110"	1 (Larm=Tutar)		
8	"111"	0		

Konstruktion

Konstruktionen beskrivs först med en sanningstabell och därefter översätts den till ett booleskt uttryck.

Sanningstabell visas i nästa tabell. Tabellen är ett mycket bra verktyg när det är mera komplex logik. Här används även X (don´t care). Detta betyder att 0/1 spelar ingen roll vad det är.

Tabell 11. Sanningstabell.

Insignaler			Utsignal
ON_larm	Motor_på	Bälte_på	Larm_on
0	X	X	0
1	0	0	0
1	0	1	0
1	1	0	1 (Tutar)
1	1	1	0

Detta kan översättas till boolesk algebra. I det här fallet är det relativt enkelt. Det enda tillfället det ska vara "larm-on" (Tuta) är när On_larm = '1', Motor_på = '1' och Bälte_på = '0'.

Boolesk algebra för att styra tutan (Larm_on):

```
VHDL program:   Larm_on <= ON_larm AND Motor_på AND (NOT Bälte_på);
C program:      Larm_on = ON_larm && MOTOR_på && (! Bälte_på);
```

Att notera: Formeln visar att Larm_on är '1' (Tutar) när On_larm och Motor_på = '1' och Bälte_på = '0'. "(NOT Bälte_på)" betyder att värdet av hela parentesen är '1' när "Bälte_på" är noll, alltså inte påsatt.

Därefter ska konstruktionen **verifieras**. Fördelen med en simulator är att alla signaler kan studeras. En testpunkt läggs in för att se att konstruktionen fungerar som det var tänkt. När ett besvärligt fel uppkommer är det bra att kunna titta på alla signalerna. Se nästa figur.

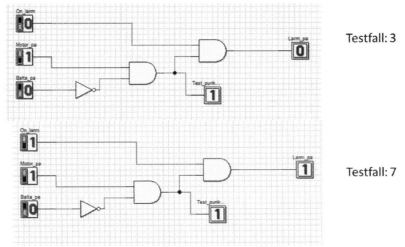

Testfall: 3

Testfall: 7

Figur 59. Simulera två testfall.

Pulsdiagram används för att verifiera konstruktionen. Den röda cirkeln i nästa figur visar när larmet ska tuta. Alla testfall visas inte. Många gånger är det inte möjligt att testa alla fall, utan då väljs de testfall som är viktigast och valen görs så smart som möjligt. I verifieringsfasen går det att lägga till testfall, för att testa interna funktioner. Som exempel kan nämnas att test_punkt lades till. Detta testfall ska vara ett om ON_larm=1, Motor_på = '1' och Bälte_på = '0'.

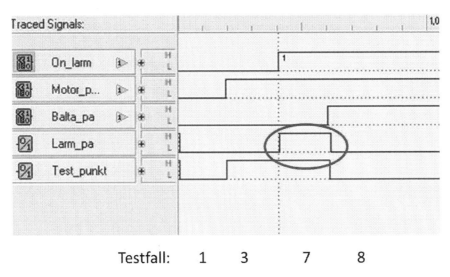

Testfall: 1   3   7   8

Figur 60. Verifiering med in stimuli vid olika tidpunkter.

Till slut fylls testprotokollet i och sen görs en sista validering med den riktiga bilen (samma testprotokoll men en annan kolumn).

Dagens moderna verktyg kan automatiskt optimera konstruktionen. Detta gör att konstruktören kan koncentrera sig på att beskriva konstruktionen så pedagogiskt som möjligt. Detta underlättar i sin tur underhållet av konstruktionen och kan vara till god hjälp om konstruktionen ska vidareutvecklas.

7 Att presentera ett arbete

AGSTUs utbildningar har ibland ett kundkrav att presentera arbetet med en kort videofilm. Hur resultatet presenteras har stor betydelse för hur andra förstår vad som genomförts. Här följer några tips.

I den muntliga presentationen visas sakkunskap och en ingående förståelse för projektet, och även att kunna reflektera kring olika aspekter av projektet.

Nedan följer några allmänna tips:
- Håll det enkelt, lägg fokus på att beskriva projektet
- Beskriv först vem du är, gör en kort sammanfattning så att även en inte insatt person vet vad som genomförts och vad resultatet blev.
- Företaget äger projektet inte konstruktören. Det betyder att även svagheter i resultatet kan beskrivas. Undvik ordet "jag" i presentationen.
- Beskriv först en översikt sen delarna mer detaljerat. Det går i princip att följa den tekniska rapportens innehållsförteckning.
- Demonstrera systemet i slutet så åhöraren/kunden ser att det fungerar.
- Visa på förmåga att kritiskt kunna reflektera kring projektet.
- Lämna gärna information om hur åhöraren/kunden kan få mera information om projektet.

Exempel på inspelningsverktyg:
- https://www.youtube.com/watch?v=ZECX5E9dHZI Inspelningsverktyget är inbyggt i Windows 10 och behöver ingen nedladdning.

Exempel på presentationer från utbildningarna:
- https://www.facebook.com/Arbete.Genom.STUdier
- https://www.linkedin.com/company/agstu-ab
- http://alumn.agstu.se/

8 Digitalteknik – är inte analogteknik

Digitalteknik är den grundläggande tekniken bakom bland annat inbyggda system. I den digitala världen finns bara två tillstånd "1" och "0", som fysikaliskt motsvaras av en spänning. Signalerna ändras språngvis och får därmed pulskaraktär. Motsatsen till digitalteknik är analogteknik, där signalerna i stället varierar kontinuerligt. Se figur på nästa sida.

Världen idag innehåller ofattbart många ettor och nollor. Dessa som är de minsta byggdelarna i datasystem kallas binär bit, betyder två tillstånd och kan betyda ett/noll, sann/falsk, ja/nej, på/av och så vidare. Med dessa två tillstånd byggs komplexa system med avancerade utvecklingsverktyg. Visst är det underligt att dessa ettor och nollor kan styra månlandare, skälvkörande bilar, flygplan, lagra innehållet i böcker och massor med andra tekniska prylar och lösningar.

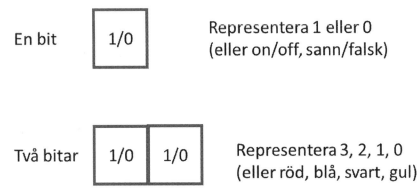

Figur 61:Bitar och exempel på dess representation.

Föregående figur visar en och två bitar och vad de kan representera (bit = engelska **bi**nary digi**t**). Vad de representerar bestäms av utvecklingsingenjören, det kan vara till/från, fläkt på/av, antal personer i en bil och så vidare.

Från början byggdes system med analog teknik, det betydde att en ledning kunde ha en oändligt många olika tillstånd (till exempel värde). Varför den digitala världen konkurrerade ut den analoga världen beror främst på att data kunde hanteras på ett avancerat sätt utan att förlora i upplösning. Vidare passar elektroniken bra till två-signals logik. Det fanns redan matematiska begrepp för att kunna hantera avancerade villkor. Denna matematik kommer bland annat från en man som levde på 1800-talet och hette George Boole. Han satte namn på de matematiska begrepp och ekvationer som används flitigt inom digitaltekniken (Boolesk algebra). Senare kapitel kommer att introducera läsaren till detta område.

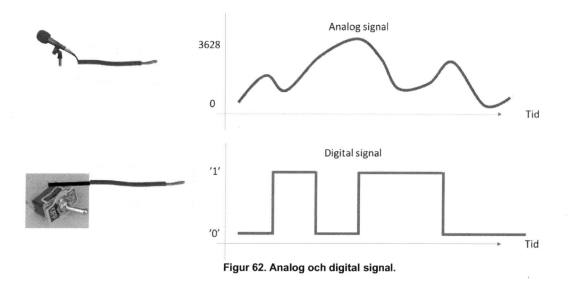

Figur 62. Analog och digital signal.

En analog signal med (oändligt) många olika värden behöver ändå bara en ledning som i föregående figur. Om samma signal ska omvandlas till en digital signal behövs flera ledningar. Om 16 digitala bitar (16 ledningar) används för en analog signal (en ledning) motsvarar detta 65 536 olika värden på den digitala signalen och det brukar räcka för människans öron (2^{16} = 65 536).

Den analoga världen runt omkring kan omvandlas exempelvis i en högtalare till många digitala signaler. Den enhet som gör denna omvandling heter analog omvandlare (A/D converter) och förkortas med A/D omvandlare (ADC). Omvänt råder att om en signal ska till en högtalare måste den digitala signalen göras om till en analog signal på en ledning och det görs i en D/A omvandlare (DAC).

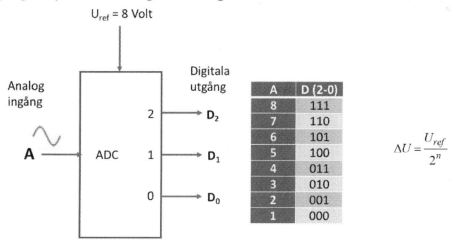

A	D (2-0)
8	111
7	110
6	101
5	100
4	011
3	010
2	001
1	000

$$\Delta U = \frac{U_{ref}}{2^n}$$

Figur 63. ADC omvandlar från en Analog signal till digitala signaler

ADC i figuren ovan har en referensspänning på 8 Volt, en analog ingång och tre digitala utgångar. Analoga ingångens spänningsvärde översätts till ett digitalt värde med tre bitars upplösning. Om det finns 3 digitala utgångar som figuren ovan visar och referensspänningen 8 Volt, blir upplösningen 1 Volt, enligt formeln på höger sida. Det betyder att spänningar som till exempel 1,5V "missas".

En DAC (Digital till Analog omvandlare) fungerar på liknande sätt men åt andra hållet.

Exempel på bättre upplösning: En 12-bitars ADC med en referensspänning på 2,5 volt, har en upplösning på 0,61 mV och kan anta 4096 olika heltalsvärden på utgången (0... 4095).

Matematikens värld

Analog signalbehandling är en typ av signalbehandling som utförs på kontinuerliga analoga signaler på något analogt sätt. Detta skiljer sig från "digital" som använder en serie diskreta mängder för att representera signal.

Om läsaren vill fördjupa sig inom området tränas signalbehandling. Det handlar om att representera, manipulera och transformera signaler med hjälp av matematiska metoder.

Flera extra länkar

- En äldre YouTube-film visar hur komplexiteten var redan för några år sedan på ett digitalt chip: https://www.youtube.com/watch?v=Fxv3JoS1uY8
- Text, Sparkfun: https://learn.sparkfun.com/tutorials/analog-vs-digital/all
- Presentation (de första 4 minuterna): https://www.youtube.com/watch?v=btgAUdbj85E

9 BINÄRA TAL KAN REPRESENTERA OLIKA TYPER AV DATA

För att en dator ska kunna bearbeta alla typer av data, som text, bilder och ljud, måste de konverteras till binärform och följa en standard på hur de representeras.

9.1 HUR TAL REPRESENTERAS (Kolla)

Talsystemen som används översätts till ettor och nollor i datorn.

Talsystemen i digitala datorsystem är:
- Binära talsystemet som är datorns arbetsdata
- Hexadecimala talsystemet som är enklare för människor och används ofta när arbete utförs på låg nivå i datorsystemen
- Decimala talsystemet

Tabell 12. Olika talsystem med fyra digitala bitar.

Binärtal	Hexadecimaltal	Decimaltal (heltal)
0000	0	0
0001	1	1
0010	2	2
0011	3	3
0100	4	4
0101	5	5
0110	6	6
0111	7	7
1000	8	8
1001	9	9
1010	A	10
1011	B	11
1100	C	12
1101	D	13
1110	E	14
1111	F	15

Mera information om talsystem finns här:
- Binära och talsystemet:
  https://www.youtube.com/watch?v=1GSjbWt0c9M (10 min)

9.1.1 Positiva/negativa Heltal

Datorn kan bara hantera data av det binära siffersystemet så alla data ses som binära tal. Det finns flera olika system att representera positiva/negativa heltal med tecken.

Matematiska operationer med hjälp av decimaltalsystemet en + eller – är helt enkelt sätta framför talet positiva/negativa tecknet för att representera dess positiva eller negativa värde. "1" är ett negativt tecken och "0" är det positiva tecknet. Det är viktigt att veta vilken bit som blir teckenbiten. Det är därför nödvändigt att använda en fast bit-längd när vid arbete med signerade binära tal. Den MSB (Most significant bit) kommer att vara den bit som används för att representera tecknet. De återstående bitarna representerar antalets storlek. Nästa figur visar sammansättningen av ett signerat 4-bitars binärt tal som representerar decimalvärdet -2.

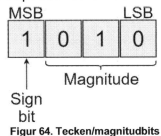

Figur 64. Tecken/magnitudbits

Det vanligaste inom datorsammanhang är att representera positiva/negativa heltal med tvåkomplementsform (2-komplement).

För mera information:
- https://www.tutorialspoint.com/two-s-complement [2020-12-27]
- https://en.wikipedia.org/wiki/Two%27s_complement [2020-12-27]

9.1.2 Flyttal – decimaltal

Flyttal har tre olika områden och för enkel precession (32 bitar):
- 1 bit tecken
- 8 bitar exponenten
- 23 bitar mantissa

För mera information:
- https://en.wikipedia.org/wiki/Floating-point_arithmetic

9.2 HUR TEXT REPRESENTERAS DIGITALT

När en tangent på tangentbordet trycks ner måste den konverteras till ett binärt nummer så att det kan bearbetas av datorn och det skrivna tecknet kan visas på skärmen. En kod där varje nummer representerar ett tecken kan användas för att konvertera text till binärt tal. En kod som kan användas för detta kallas ASCII. ASCII-koden tar varje tecken på tangentbordet och tilldelar det ett binärt nummer (7 bitar).

Till exempel:
- siffran '0' har det binära numret 0011 0000 (Hexadecimalt 30)
- siffran '1' har det binära numret 0011 0001 (Hexadecimalt 31)
- siffran '2' har det binära numret 0011 0010 (Hexadecimalt 32)
- "AGSTU" = '41 '47' '53' '54' '55' (hex)

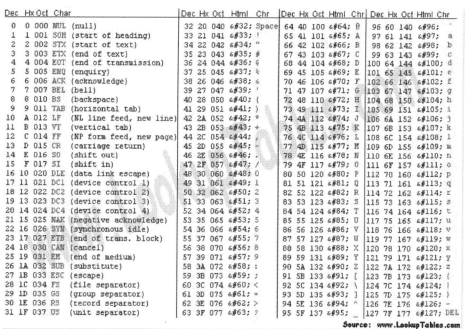

Figur 65. ASCI tabell (www.lookupTables.com)

ASCII-koden kan bara lagra 128 tecken, vilket räcker för de flesta ord på engelska men inte för andra språk. Om accenter på europeiska språk eller större alfabet som kyrilliska (det ryska alfabetet) och kinesiska mandarin ska användas behövs fler tecken. Därför skapades en annan kod som kallas Unicode. Detta innebar att datorer kunde användas av människor som använder olika språk.

För den intresserade finns mer om Unicode: https://unicode-table.com/

Med programspråket C kan ett program skrivas för att få reda på det decimala talet för ett ASCI tecken, se nästa kodexempel.

```
# Ett program för att hitta ASCII-värde
#include<stdio.h>
int main()
{
char c; #c är ASCI tecknet
   printf("Skriv in ett ASCI tecken : ");
   scanf("%c" , &c);
   printf("\n ASCII värdet är %c = %d",c,c);
return 0;
}
```

10 SYSTEMKLOCKA – EN PERIODISK DIGITAL SIGNAL

Systemklockan är den klocka som bestämmer hastigheten av databehandlingen i en digital konstruktion. Den innehåller inte data, utan är till för att systemet ska bearbeta data i en jämn takt som bestäms av klockan. De flesta har säkert hört att de nya processorerna har klockor i GHz området och det betyder att klockan "tickar" tusen miljoner gånger i sekunden.

I detta kapitel beskrivs viktiga begrepp som är fundamentala för att definiera beteendet av en digital klocka.

10.1 Frekvens och periodtid

En periodisk digital vågform som upprepas med en viss frekvens kallas klocksignal. Klocksignalen har följande grundbegrepp:

- frekvens
- periodtid

Frekvens betecknas med bokstaven f. Frekvens är ett mått på hur snabbt en periodisk signal upprepas per sekund. Frekvensenheten har beteckningen Hertz (enhetssymbol Hz), där 1 Hz = en puls per sekund.

Periodtid betecknas med bokstaven T. Tiden i sekunder som vågformen tar för att upprepa sig från början till slut (se nästa figur).

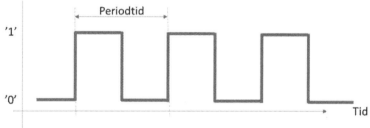

Figur 66. En klocksignal är en periodisk signal.

Den tid som det tar mellan varje individuell upprepning kallas "**periodtid**", med andra ord, den tid det tar för vågformen att upprepa sig själv. Se figur ovan.

Frekvensen är omvänt proportionell mot periodtiden, f = 1 / T eller T = 1 / f. Se exempel i nästa tabell.

Tabell 13. Några olika begrepp.

Prefix	Definition	frekvens	Periodtid = 1/f
Kilo	1000	1 kHz	1ms = 0,001s
Mega	1 000 000	1 MHz	1us = 0,000 001s
Giga	1 000 000 000	1 GHz	1ns = 0,000 000 001s
Tera	1 000 000 000 000	1 THz	1ps = 0,000 000 000 001s

10.2 Begreppen "duty cycle", flank och fasfördröjning

En symmetrisk periodisk vågformad signal används oftast som systemklocksignal eftersom den har en lika lång tid när den är hög ('1') som när den är låg ('0'). Detta innebär att den är '0' halva periodtiden. Detta kallas för **50% "Duty Cycle"** (översättning arbetscykel), se nästa figur.

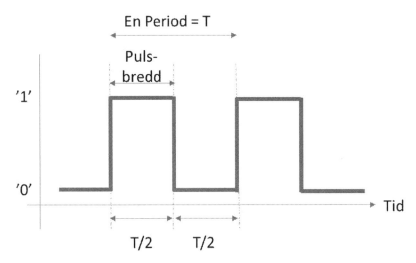

Figur 67. Klocksignal med 50% "duty cycle".

I många sammanhang behöver "duty cycle" ändras. Systemklockorna till CPU:er och andra standardkomponenter har oftast 50% "duty cycle".

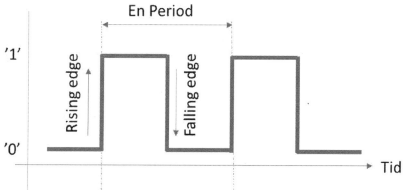

Figur 68. Stigande (rising) och Fallande (falling) flank.

När den digitala signalen ändrar värde från '1' till '0' eller tvärtom kallas det för flank (edge). Se figur ovan.

Stigande flank: När digitala signalen går från '0' till '1'. Den kallas på engelska "rising edge" eller "leading edge".
Fallande flank: När signalen går från '1' till '0'. Den kallas på engelska "falling edge" eller "trailing edge".

Det går att skapa "nya klockor" från systemklockan som används till olika ändamål och de har ett något annorlunda utseende men är periodiska och upprepande. Att skapa en ny klocka från systemklockan med en **fördröjning** kan ske på olika sätt i en digital krets. Det finns flera ord för detta begrepp, men det kan vara enklast att använda fasfördröjning, det betyder att det är en tid från flanken till den nya klockans flank kommer.

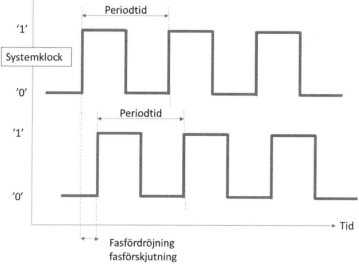

Figur 69. Fasfördröjning, fasförskjutning eller fasvridning.

Föregående figur visar en systemklocka och därefter en klocka som genereras från den med en viss fasfördröjning, det betyder att den är lite fördröjd I förhållande till systemklockans flank. Som tidigare sagts finns ibland krav på en annan frekvens och det går att skapa denna "nya" klocka från systemklockan i ett digitalt system, se nästa figur. Detta görs idag med verktyg och speciella komponenter.

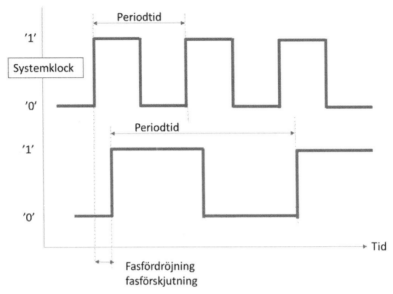

Figur 70. Fasfördröjd och halva frekvensen.

Övningar
Några uppgifter att öva på.

A.

1) Om frekvensen på en klocka är 60,0 Hz, vad blir periodtiden? I Sverige är elsystemet 220V (vägguttag m.m.) med en sinusvåg och frekvensen 60 Hz.

2) Om periodtiden är 0,050 s, vad är frekvensen?

3) Snabba processorer arbetar idag med signalfrekvenser av GHz. Vilken periodtid har klocksignalen när processerna har 2 GHz frekvens.

B.

1) Utgångspunkten är ett system som kan räkna pulser (perioder) från en digital klocka i ett system med frekvensen 50MHz. Hur många perioder ska inväntas för en sekund?

2) Samma konstruktion som i ovanstående men invänta 0,1 sekunder, hur många perioder blir det då som ska inväntas?

3) Samma konstruktion som i ovanstående men invänta 1ms, hur många perioder blir det då som ska inväntas?

A. (1) $1/60 = 0.0167$ s (2) $1/0,05 = 20$ Hz (3) $1/2\ 000\ 000\ 000 = 0,000\ 000\ 000\ 5 = 0,5$ns

B. (1) Matematiskt kan man tänka sig på många sätt, ett sätt är följande formel:
"antal perioder att vänta" = "tiden man ska vänta" * frekvensen = "tiden man ska vänta"/periodtiden (alternativt)
"antal perioder att vänta" = 1s * 50 000 000 = 50 000 000 ggr, Alternativt: = 1 s/(1/50 000 000)
(2) "antal perioder att vänta" = 0,1s * 50 000 000 = 5 000 000 ggr, Alternativt: = 0,1 s/(1/50 000 000)
(3) "antal perioder att vänta" = 0,001 s * 50 000 000 = 50 000 ggr, Alternativt: = 0,001 s/(1/50 000 000)

Svar

11 Programmerbar mjukvara-CPU och hårdvara-FPGA

Mjukvara har kunnat programmeras under ganska lång tid medan för hårdvara är det relativt nytt att kunna programmera om den många gånger på någon sekund.

AGSTUs utbildningar kommer att gå igenom detta område på olika sätt, så se detta som en introduktion till området som senare kommer att repeteras och fördjupas.

En CPU är i princip en sekventiell maskin där instruktioner hämtas och utförs en och en i en viss ordning. I en FPGA kan instruktionerna utföras både parallellt och sekventiellt. Det som också utvecklas är att programspråken håller på att närma sig varandra och det ger en möjlighet till att flytta funktioner mellan mjukvara och hårdvara relativt enkelt.

Ska någon form av signalbehandling göras behöver processorn hämta data som ska behandlas från minnet, utföra en beräkning och sedan spara resultatet på en annan plats i minnet. En beräkningsalgoritm körs genom processorn klockcykel för klockcykel tills all data är behandlad.

Samma algoritm kan konstrueras med parallell hårdvara för att öka beräkningskapaciteten. Detta resulterar i en högre datagenomströmning än en algoritm som utförs i mjukvara på en processor. Istället för att behandla data sekventiellt, blir processen parallelliserad.

Parallell och sekventiell bearbetning

Nästa figur visar en funktion med fyra instruktioner. CPUn exekverar instruktionerna sekventiellt och i FPGA'n kan instruktionerna exekvera parallellt. Detta visar på möjligheterna med parallellisering i FPGAer. Naturligtvis kan FPGAn också exekvera sekventiellt och detta utförs oftast idag med hjälp av tillståndsmaskiner.

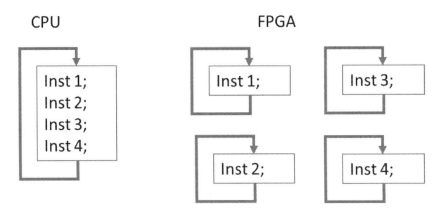

Figur 71. En principiell jämförelse mellan CPU och FPGA.

11.1 CPU – EN MASKIN FÖR MJUKVARA

För att bli bra på att programmera inbyggda system krävs en insikt i hur en CPU fungerar. CPU står för "Central Processing Unit" och kan också kallas processor. Detta kapitel är en introduktion till området som har generaliserats för att fånga de viktigaste principerna.

I inbyggda system återfinns CPU'n för att exekvera mjukvara. En modern persondator har en eller flera CPUer som kan utföra väldigt många uppgifter på kort tid. En kaffemaskin har en enkel långsam CPU som endast har som uppgift att styra temperatur och vattenmängd. CPUer kan vara väldigt olika uppbyggda, men principen på hur de fungerar är lika.

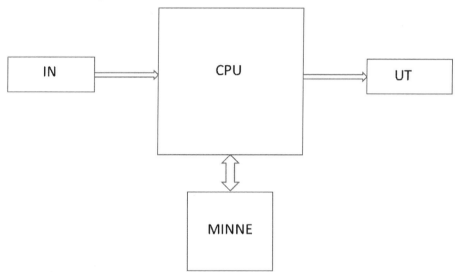

Figur 72. Mikrodator system med CPU i mitten.

Föregående figur visar en principiell arkitektur med CPUn i mitten. Det finns insignaler som kan vara från ett tangentbord eller kamera, utsignaler till ett värmeelement eller lampor och ett minne som innehåller instruktioner som CPUn förstår (mjukvaran).

Det betyder att CPUn hämtar en instruktion i taget från minnet och utför det som står där. Den gör exakt det som står i instruktionen. Instruktionerna i minnet kallas maskinkod, alltså kod som förstås av CPUn. Maskinkod består av instruktioner och kan visas i ett språk som heter Assembler (mer läsbart). Maskinkoden är anpassad att bara kunna användas på en typ av CPU. Däremot programspråket C kan automatiskt översättas till olika CPUers maskinspråk. C är CPU-oberoende medan maskinkod är CPU-beroende.

I minnet ligger instruktionerna till CPUn som en lista och varje position i listan har en unik adress.

CPUns arbetssätt kan tyckas vara svårbegripligt men principen är enkel.

Följande steg görs, i parentes det engelska begreppet:

- Hämta (FETCH): Hämta instruktion från minnet
- Tolka (DECODE): Tolka instruktionen
- Utföra (EXECUTE): Utföra instruktionen

Processorn befinner sig i ett av tre olika tillstånd: HÄMTA, TOLKA och UTFÖR. I nästa figur är processorns tillstånd beskrivna med en tillståndsgraf.

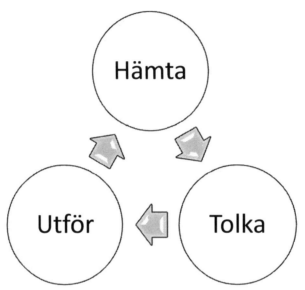

Figur 73. CPUns grundläggande arbetssätt.

11.1.1 Vad finns inuti en CPU?

I CPUn finns de delar för att kunna exekvera instruktionerna som finns i minnet. Naturligtvis finns det massor av finesser i dagens CPUer men för att förstå principen kan CPUn delas upp i olika delar som nästa figur visar.

- **Kontrolienhet:** Hanterar hämta, tolka och utför.
- **Register:** Register är ett temporärt minne för data.
- **ALU:** För att beräkna summan av tal så används en enhet som heter aritmetisk logisk enhet, på engelska ALU (Arithmetic Logic Unit).

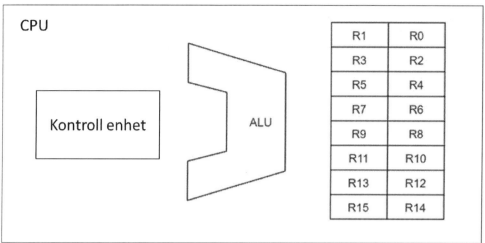

Figur 74. Principen för en CPU.

I processorn finns ett antal register, R0 – R15. Dessa register kan användas för att mellanlagra data som behövs för att utföra instruktioner. Alla register har ett namn, R0-R15. Kontrollenheten kan skicka runt data mellan register och ALUn för att utföra instruktionerna.

ALU'n är till för olika typer av operationer på data, som följande:

- boolesk AND
- boolesk OR
- boolesk NOT
- addition
- subtraktion

I nästa figur återfinns symbolen för en typisk ALU med dess styrsignal och in/ut signaler. Två ingångar för data och en utgång för resultat. En styrsignal från kontrollenheten som bestämmer vilken ALU operation som ska utföras.

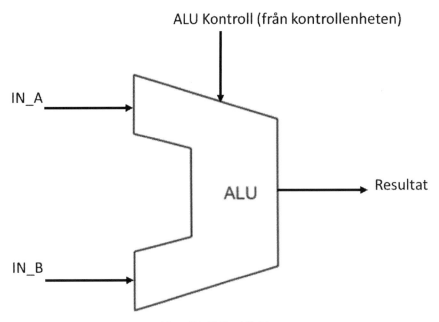

ALU Kontroll (från kontrollenheten)

IN_A

ALU

Resultat

IN_B

Figur 75. ALU arkitektur.

Exempel på en enkel ALU som enbart kan addera

För en enkel addition mellan två bitar används en så kallad halv adderare. Den består av en AND-grind och en XOR-grind. Tillsammans bildar dessa två grindar en mycket enkel beräkningsenhet, se nästa figur. Ingångarna A och B kan anta ett av två binära värden, en 'etta' eller en 'nolla'. Utgången S kommer från engelskans SUM och kan översättas som summa. Utgången C står för CARRY, på svenska 'en etta i minne'.

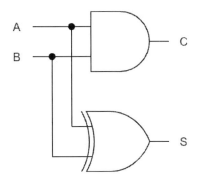

Figur 76. Enkel beräkningsenhet.

Genom att göra en sanningstabell för konstruktionen skapas möjligheten att lägga ihop två tal och få ut resultatet med utgående minnessiffra.

Tabell 14. Sanningstabell för halv adderare, S =sum och C= Carry.

Ingång		Utgång	
A	B	C	S
0	0	0	0
0	1	0	1
1	0	0	1
1	1	1	0

Görs en addition erhålls följande kombinationer decimalt:

0 + 0 = 0

0 + 1 = 1

1 + 0 = 1

1 + 1 = 0, med 'ett i minne'(carry)

11.1.2 Exempel på exekvering av en CPU instruktion

Exempel på exekvering eller utförande av en instruktion. Instruktionen är att addera 10 till R2 och därefter spara det i R2. Nästa tabell visar både assembler och maskinkoden för instruktionen.

Tabell 15. Assembler- och maskinkod för instruktionen.

Addera 10 till r2 och spara i r2	
Assembler kod	**Maskin kod (bin)**
addi r2,r2,10	00010000100000000000001010000100

Maskinkoden är "0001 0000 1000 0000 0000 0010 1000 0100", 32 bitar lång. Detta är svårt att läsa, men om instruktionen visas i assembler blir det addi r2,r2,10. Det kan förstås att det är en addering och 10 ska adderas till värdet i r2. Begreppen i assembler innebär att "addi" är operations kod och "r2,32,10" är operander.

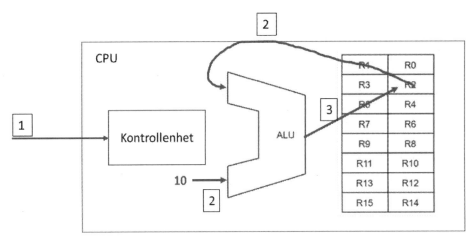

Figur 77. Exekvering av assemblerinstruktionen " addi r2,r2,10" (maskinkoden: 0001000010000000000001010000100).

Föregående figur visar en förenklad version av exekveringen av instruktionen från minnet.

1) CPUn hämtar instruktionen från minnet och tolkar instruktionen (maskinkod)

2) CPUn utför instruktionen i två steg, först hämtar den värdet från R2 till ena ingången på ALUn och den andra ingången sätts till värdet 10. Därefter ges kommandot att ALUn ska addera

3) Resultatet från ALUn sparas i R2. Nu är instruktionen klar och CPUn hämtar nästa instruktion.

11.1.3 Vad finns i ett mikrodatorsystem?

Ett komplett system med ett program som utför instruktioner består av ett antal olika komponenter. Förutom själva processorn behövs till exempel några olika typer av minnen som innehåller program och resultat från uträkningar. För att kunna göra något meningsfullt måste det finnas en möjlighet för processorn att ta emot data, kanske göra en beräkning och sedan skicka tillbaka resultatet någonstans. För detta ändamål brukar det finnas något typ av in och utmatningsenhet.

Ett exempel på ett komplett system är beskrivet i nästa figur. I systemet finns två olika minnen. ROM-minnet (Read Only Memory) innehåller ett program som processorn hämtar instruktioner från. Ett ROM minne kan bara läsas från och det passar för att lägga ner maskinkoden i. RAM-minnet (Random Access Memory) kan både läsas och skrivas till. Minnet innehåller information som processorn använder som arbetsminne, alltså skriver och läser data från. Komponenten IN/OUT är en enhet som möjliggör kommunikation med omvärlden, till exempel en terminal med skärm och tangentbord. Buss som gör det möjligt för processorn att kommunicera med alla komponenterna.

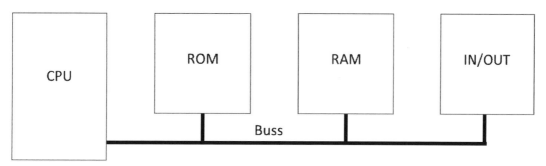

Figur 78. Ett datorsystem.

Datorsystem kan innehålla många olika komponenter. En komponent som ADC (Analog to Digital Converter) kan översätta analoga spänningar till digitala värden som sedan görs tillgängliga för processorn. En DAC (Digital to Analog Converter) översätter digitala värden tillbaka till analoga signaler. Andra typer av komponenter kan hantera kommunikation över olika protokoll, som till exempel internet.

11.2 C - PROGRAMSPRÅK FÖR CPU

C är ett generellt programmeringsspråk som människan kan läsa och skriva. Det har visat sig passa för att utveckla programvara för inbyggda system, både på ganska hög nivå och lågnivå som att manipulera med register. Programmet utvecklades på Bell Labs av Dennis Ritchie i början av 1970-talet. C språket är också en bra ingång till att lära sig att förstå inbyggda system på låg nivå och på högre nivåer.

Lärande av C ger fördelar för individer som tar sig tid att lära sig det. Här är några fördelarna med att lära sig C:

- Det hjälper läsaren att förstå hur en dator fungerar. Genom att få kunskaper i C kommer förståelse och förmåga att visualisera datorsystemens inre funktioner, deras arkitektur och de övergripande begreppen.
- Kunskap att arbeta med öppen källkod. Som realtidsoperativsystem och andra funktioner.
- Det blir lättare att lära in andra programmeringsspråk.
- Det är ett effektivt programmeringsspråk.
- C fungerar som ett sammanställt språk, vilket innebär att det kompilerar och sedan konverterar program till en objektfil. Efter att programmet har kompilerats kombinerar länkar sedan de olika objektfilerna för att skapa en ensam fil som sedan kan exekveras av CPUn. Utvecklingen av tekniken har i hög grad förenklat denna process.

Slutsatsen är att det krävs mycket tid på att lära in C-språket men det är en bra investering och en förutsättning för att bli en bra utvecklare. Oftast är den enklaste vägen att leka sig till kunskapen med olika typer av hobbyprojekt och därefter gå en kurs. Det finns väldigt många kurser på nätet inom området. Men enklast är att börja med förberedelsekursens C del om dessa kunskaper inte redan finns hos läsaren.

11.3 FPGA – PROGRAMMERBAR HÅRDVARA

FPGA-tekniken har visat sig vara en kompletterande eller alternativ lösning för applikationer där en traditionell mjukvaruprogrammerad mikroprocessor i många år varit ett självklart val. Från att ha varit en mycket speciell lösning på specifika problem växer idag tillämpningsområdet till att innefatta kompletta system där både hårdvara och mjukvara skräddarsys för en applikation. I många nya kretsar samexisterar CPU och FPGAer på samma chip.

I slutet av 1990-talet etablerades FPGA-kretsarna (Field Programmable Gate Array) som möjliggjorde komplexa logiska kretsar med både grindar och vippor. I början användes den enbart som "glue-logic", det vill säga en FPGA-krets för att anpassa gränssnitt mellan olika komponenter. I takt med att kapaciteten för FPGA-kretsar växte kunde under de senaste åren hela mikrodatorsystem implementeras i en FPGA med kundanpassade hårdvarukomponenter. En svindlande känsla att både mjukvaran och hårdvaran är programmerbar i samma krets, så kallad FPGA SOC (System on a Chip).

Vad är en FPGA-krets och hur kan hårdvaran programmeras?

I en FPGA-krets finns en massa logiska block som sitter länkade i ett rutnät med ett programmerbart nätverk av ledningar och olika typer av block. Beräkningskapaciteten för en FPGA-krets brukar mätas i hur många logiska block kretsen innehåller. En liten krets kan innehålla ett hundratal små block. Andra FPGA-kretsar kan innehålla hundratusentals komplexa logiska block. Även extra RAM-minne finns ofta tillgängligt inuti FPGA-kretsar. Det är användbart när det behövs ett sätt att lagra större mängder med information eller bygga ett datorsystem med en CPU. IO Blocken är för att koppla till pinnarna på kretsen.

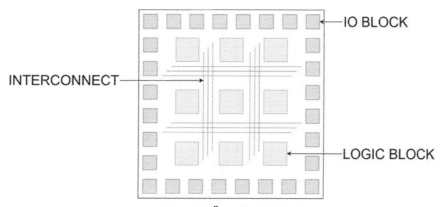

Figur 79. Översikt FPGA chip.

I föregående figur beskrivs ett FPGA-chip som visar logiska block som benämns LOGIC BLOCK. För att koppla ihop blocken finns ett nätverk av ledningar. Dessa ledningar benämns som INTERCONNECT och kopplar flexibelt ihop LOGIC BLOCKs in och utgångar. Slutligen finns ett system av in och ut-enheter som kopplar ledningar mellan de interna blocken och kretsens fysiska pinnar. Dessa benämns IO BLOCK.

Principen av ett logiskt block beskrivs i nästa figur.

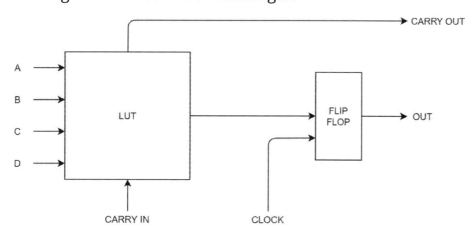

Figur 80. Logiskt block som innehåller en programmerbar LUT och anslutningar

För att kunna konfigurera en valfritt boolesk funktion används en krets som är ett RAM-minne, vilket kallas LUT (Look Up Table). LUT kan programmeras med alla möjliga booleska funktioner med 4 ingångar och en utgång. På så vis laddas en sanningstabell för den specifika funktionen ner i minnet. I exemplet finns också en vippa (Flipp-Flopp) för att ha möjlighet att spara resultatet. Tillsammans med många andra logiska block kan större och mer komplicerade konstruktioner göras, som en 32 bitars CPU.

11.3.1 FPGA System On Chip (SOC)

En FPGA som har tillräckligt med logiska block kan användas för att konstruera en CPU. Många tillverkare av FPGA-kretsar tillhandahåller en egendesignad CPU. Tekniken som används tillåter inte en sådan CPU att bli lika snabb som en CPU som designats för att etsas in direkt på en kiselplatta. Den typen kallas "mjuk CPU", som programmeras till FPGAn, en "Hård" CPU finns redan inetsad i kislet och kan inte ändras. Av olika anledningar kan det ändå vara praktiskt att kunna lägga in en så kallad "mjuk CPU" när det inte krävs så hög beräkningshastighet.

Detta gör att system som innehåller en eller fler processorkärnor med kända arkitekturer tillsammans med specialsydda komponenter i FPGA-kretsen kan konstrueras. Dessa system kallas ofta för SOC (System On Chip), där avancerade konstruktioner med både FPGA-teknologi och klassiska processorer ryms i en enda fysisk krets.

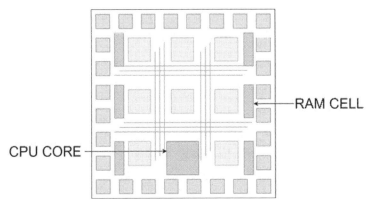

Figur 81. FPGA chip med utökade funktionsblock.

I föregående figur har extra RAM-minne lagts till kretsen, här benämnt RAM CELL. Även en så kallad hård CPU som ligger inetsad i kretsens kisel finns här representerad som CPU CORE. Resten är en FPGA med en massa programmerbara block. Genom att kombinera alla dessa teknologier kan skräddarsydda lösningar för olika problem konstrueras.

Idag finns många typer av utvecklingskort med en FPGA-krets. Från runt 500 kronor och uppåt. FPGA-kort passar för utbildning inom mjukvara, hårdvara och datorarkitektur. För utbildningssyfte finns utvecklingskort med vanliga tryckknappar och LED-displayer till mer avancerade kort som också har accelerometer, Ethernet, USB, VGA och så vidare.

Nästa figur visar ett datorsystem som programmeras i FPGAn. Här finns olika funktioner inlagda som antingen tillhandahålls av tillverkaren, laddats ner som öppen källkod eller skrivits av användaren själv.

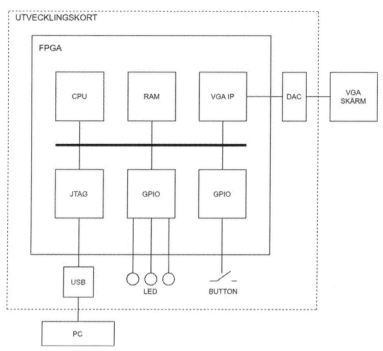

Figur 82. Exempel på FPGA SOC arkitektur

Mer att läsa för den intresserade:
https://en.wikipedia.org/wiki/System_on_a_chip
https://www.youtube.com/watch?v=WY-F3knih7c (4 min)

11.4 VHDL – PROGRAMSPRÅK FÖR FPGA

För FPGAer används programspråk som kallas hårdvarubeskrivande språk, på engelska HDL (Hardware Description Language). Två språk uppfanns ungefär samtidigt under 1980-talet och har varit etablerade sedan dess. Verilog och VHDL är dessa två så kallade HDL-språk som till viss del har lånat en del av strukturen från C och ADA-språken. Språken har ibland en liknande semantik men fungerar i realiteten på ett helt annat sätt. För att beskriva en logisk krets körs koden igenom ett syntesverktyg, som kan liknas vid en kompilator för mjukvaruspråk. Syntesverktyget tolkar koden och omvandlar den till en konstruktion som kan laddas in i FPGA-kretsen. På grund av likheterna med mjukvaruspråk kan det därför ibland vara svårt för nybörjare att lära sig språket.

Länge har utveckling av FPGA-konstruktioner varit en tidskrävande och intensiv process som ställt höga kunskapskrav. För att råda bot på detta försöker olika tillverkare erbjuda nya sätt att göra konstruktioner för FPGA med språk liknande C-språken. På så vis kan algoritmer som ursprungligen skrivits i en mjukvara lättare konverteras till en FPGA-konstruktion. Men samtidigt alla problem med parallelliteten kunna hanteras. Nästa figur visar ett exempel på en VHDL-kod.

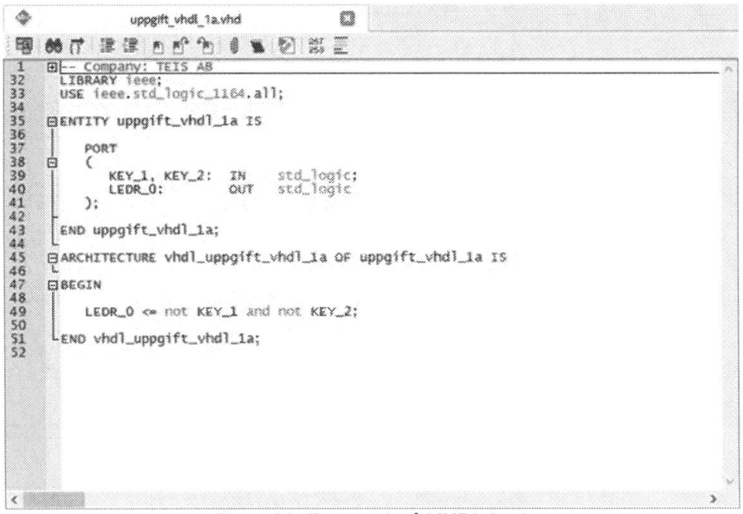

Figur 83. Exempel på VHDL kod

När väl kunskaper i VHDL finns är det en kort startsträcka att lära sig Verilog eller visa versa.

Mer att läsa för den intresserade:
https://en.wikipedia.org/wiki/Hardware_description_language
EEVblog #496 - What is an FPGA?:
https://www.youtube.com/watch?v=gUsHwi4M4xE
NANDland - What is an FPGA?: https://www.youtube.com/watch?v=CfmlsDW3Z4c

12PROGRAMMERING AV 2D GRAFIK MED C

Att träna på att översätta matematiska algoritmer till programspråk som C är en viktig träning. I detta kapitel används en tvådimensionell matris som avbildar en bild på en skärm. Matematiken som används kallas linjär algebra.

Under utbildningen kommer en skärm att utnyttjas för att visa resultat och då behöver den studerande känna till hur linjer ritas, hur bokstäver skrivs med mera. Detta kapitel kan användas i ett senare skede under kursens gång. Bra att ha!

12.1 Tvådimensionellt koordinatsystem

I 2D-rymden definieras koordinater med hjälp av en horisontell axel (x) och en vertikal axel (y). Exempelvis kan skärmen kan delas upp i X = 0 till 320 (Horisontellt) och Y = 0.. 240 (vertikalt). Varje punkt kallas pixel och har en adress. Det betyder när ett värde skrivs in på en plats i den tvådimensionella matrisen, avbildas värdet på skärmen.

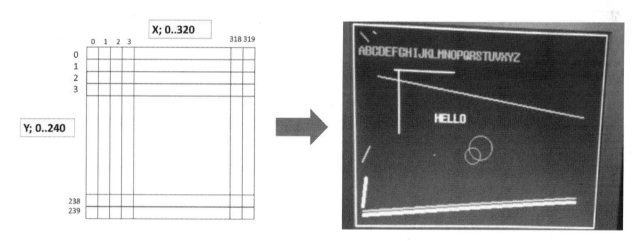

Figur 84. Koordinatsystem för en datorskärm 320*240 pixlar (enkel VGA standard)

12.2 Punkt

En punkt eller en pixel har bara en position. När det gäller pixel på skärmen har den även en färg. En särskild position i 2D-rymden skrivs som ett talpar (1, 2) d.v.s. (x,y) och när det gäller pixel är det färgen svart som visas i nedanstående figur.

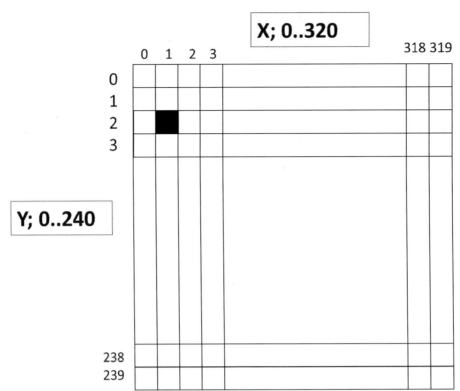

Figur 85. En punkt eller pixel med adress X=1,Y=2 och färgen svart

Exempel på funktionsanrop i C för VGA-skärmen:

```
VOID DRAW_PIXEL(ALT_32 X,ALT_32 Y,ALT_32 COLOR)
```

Funktionen ritar enbart ut en pixel på en X och Y position med en färg.
alt_32 är av typen 32 bitar. Den kan sägas fungera som typen int i C (32 bitars CPU).

Matematik som kan användas:
Avstånd mellan två punkter (Pythagoras sats)
$$\Delta x = Ax - Bx$$
$$\Delta y = Ay - By$$
avstånd = $\sqrt{\Delta x^2 - \Delta y^2}$

12.3 Linje

Exempel på en linje visas i nedanstående figur. Den startar i punkten (1,2) och är 4 punkter lång.

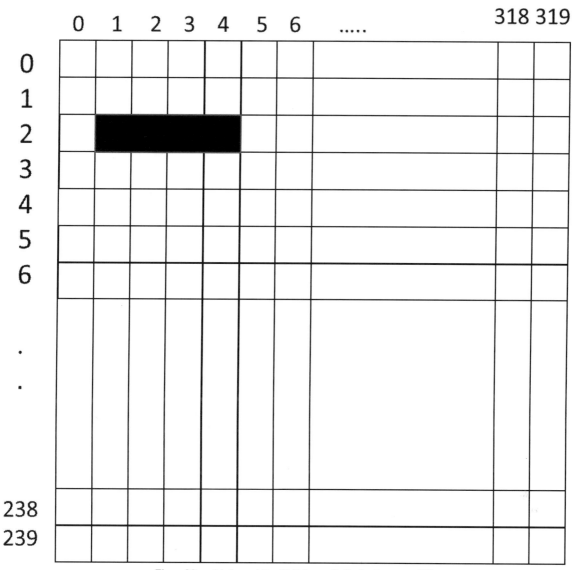

Figur 86. void draw_hline(1,2,4,svart). Se koden som följer.

Funktion i C för att rita ut en horisontell linje på VGA-skärmen:

```
void draw_hline(alt_u32 x_start,alt_u32 y_start,alt_u32
line_lenght,alt_u32 color)
{
 alt_u32 x;
 for(x=0;x<line_lenght;x++)
{
  write_pixel(x_start+x,y_start,color);
 }
}
```

Det matematiska begreppet är en linjär funktion och den kan beskrivas med hjälp av räta linjens ekvation:

y=kx+m

där x och y är variabler, och k och m är konstanter; k anger linjens lutning och m anger vid vilket y-värde som linjen skär y-axeln (det vill säga då x = 0).

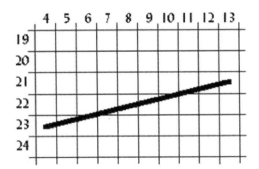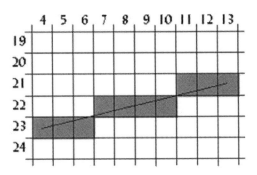

Figur 87. Problem med hack i linjen.

Sneda linjer som ritas på skärmen blir hackiga, eftersom det finns en viss upplösning på skärmen. I föregående figur syns detta med de skuggade pixlarna hur linjen ser ut i verkligheten.

12.4 Cirkel

En cirkel är en geometrisk figur i två dimensioner. Om cirkeln är centrerad i origo (0,0) och R är radien representeras cirkeln av följande ekvation:

x * x + y * y - R * R = 0

Således ligger varje punkt (x, y) på cirkeln om den uppfyller denna ekvation. Om x * x + y * y - R * R <0 betyder det att punkten är inne i cirkeln. På samma sätt, om x * x + y * y - R * R> 0 betyder det att punkten är utanför cirkeln.

Funktion i C för att rita ut en cirkel på VGA skärmen:

```
void draw_circle(alt_u32 x_start,alt_u32 y_start,alt_u32 radius,alt_u32
color){
  //  Bresenham's circle algorithm
    alt_32 x = radius-1;
    alt_32 y = 0;
    alt_32 dx = 1;
    alt_32 dy = 1;
    alt_32 err = dx - (radius << 1);
    while (x >= y)
    {
    write_pixel(x_start + x, y_start + y, color);
        write_pixel(x_start + y, y_start + x, color);
        write_pixel(x_start - y, y_start + x, color);
        write_pixel(x_start - x, y_start + y, color);
```

```
        write_pixel(x_start - x, y_start - y, color);
        write_pixel(x_start - y, y_start - x, color);
        write_pixel(x_start + y, y_start - x, color);
        write_pixel(x_start + x, y_start - y, color);

        if (err <= 0)
        {
            y++;
            err += dy;
            dy += 2;
        }
        if (err > 0)
        {
            x--;
            dx += 2;
            err += dx - (radius << 1);
        }
    }
}
```

Referens: https://www.geeksforgeeks.org/bresenhams-circle-drawing-algorithm/

Matematik för cirkel:

Alla cirklar kan beskrivas enkelt med den matematisk funktion $(x-a)^2 + (y-b)^2 = r^2$, se nästa figur.

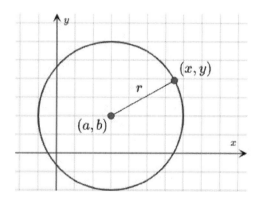

Figur 88. $(x-a)^2 + (y-b)^2 = r^2$.

12.5 Andra funktioner

Följande kod gör att hela VGA-skärmen skrivs över med vald färg.

Funktion i C för att färglägga hela VGA-skärmen med färgen "color":

```
void clear_screen(alt_u32 color) {
 alt_u32 x,y;
 for(y=0;y<240;y++) {
  for(x=0;x<320;x++) {
   write_pixel(x,y,color);
  }
 }
}
```

Funktionen skriver till alla pixlarna på skärmen, vilket innebär 240*320 = 76 800 gånger, se nästa figur.

Figur 89. Exempel på vad man kan rita ut på VGA skärmen (tack Alexey).

13 Leverera kod som kunden accepterar – AGSTU Regler

I detta kapitel har AGSTU tagit fram några grundläggande regler för att koden ska gå att läsas, felsökas och underhållas. Dessa kodningsregler gäller när den studerande skapar egna projekt och egna arbeten under AGSTU's kurser.

Alla regler går att förkorta till en sak – **tydlighet och konsekvent kodstil**. Men varför just dessa regler?
Svaret är helt enkelt att det måste finnas ett regelverk att följa. När de studerande är klara med AGSTU och börjar jobba på ett "riktigt" jobb kommer det finnas hårda regler när kod utvecklas. Det är absolut inte säkert att det är just dessa regler som eftersträvas på en framtida arbetsplats, men reglerna är framtagna för att koden ska bli så tydlig som möjligt, och samtidigt göra det enkelt för en studerande att i framtiden byta stil för att anpassa sig till den framtida arbetsplatsens egna kodningsregler.

13.1 Programfiler

I ett projekt finns det många filer för att skapa en applikation och alla dessa filer är uppbyggda med en beskrivning på vem som har skapat den, därefter annan information som är intressant för att kunna spåra ändringar med mera.

Regler:
*   Filhuvud i en fil ska minst innehålla företagsnamn, namn på den som skapade filen och beskrivning

Här följer två exempel på filhuvud:
När det gäller små enkla funktioner så räcker det med enkla filhuvuden typ detta (C kod):

```
/************
 * AGSTU AB
 * Patrik Wagenius
 * Control of LED with two push buttons
 ***********/
```

Det går även att lägga på mera information men det gäller oftast mera komplexa funktioner, men här följer ett exempel (VHDL kod):

```
-------------------------------------------------------------------
-- Company: AGSTU AB
```

```
-- Engineer: Daniel Viksporre
--
-- Create Date: 2012 sep 12
-- Design Name:  uppgift_1a
-- Target Devices: ALTERA Cyclone IV EP4CE115F29C7 (FPGA)
-- Tool versions: Quartus v11 and ModelSim
-- Testbench file: No file
-- Do file: No file
-- Description:
--    Control of LED with two push buttons.
--
-- Truth table...
--
-- KEY_1 KEY_2  - LEDR_0
-- 00  - 1
-- 10  - 1
-- 01  - 1
-- 11  - 0
--
-- Note that keys are equal to 1, when not pushed down!
--
-- In_signals:
--    KEY_1  -- As labled on the DE2-115 board.
--    KEY_2 -- As labled on the DE2-115 board.
--
-- Out_signals:
--    LEDR_0 -- As labled on the DE2-115 board.
-------------------------------------------------------------------
HÄR KOMMER VHDL KODEN
```

13.2 Tydlighet och kommentarer

Det finns ett flertal anledningar till att tydlighet är viktigt. Det absolut största skälet är att nästkommande programmerare snabbt ska kunna sätta sig in i projektet. När det gäller utbildningen är det den som rättar - handledaren och/eller läraren - som snabbt ska kunna se vad den studerande har åstadkommit, och med hjälp av det kunna bedöma hur väl hen har förstått och löst uppgiften. Om den som rättar måste lägga onödigt lång tid på att förstå koden försvinner tid som annars kunde ha gått till att hjälpa och stötta den studerande. Att skriva otydlig och obskyr kod drabbar därför främst Dig själv och andra studerande.

Ett annat skäl är att tydlig kod oftare är fungerande kod. Ju färre komplexa och "intressanta" konstruktioner, desto troligare är det att koden faktiskt gör det som är avsett, och desto lättare är det att felsöka och fixa felaktig kod. Alltså så enkelt som möjligt! Komplexitet kommer efterhand i vilket fall och kan inte undvikas.

Regler:

- Koden ska skrivas så pass tydligt att en läsare enkelt ska kunna sätta sig in i den utan att behöva grotta ner sig i intrikata språkkonstruktioner. Det ska vara svårt att misstolka vad koden gör.
- Kommentarer ska beskriva vad som görs, inte hur det görs. Kommentera rikligt när det behövs, men överdriv inte.
- Kommentarer i koden på engelska

Exempel:
Dåligt:
```
int a = 0; // assign local integer a the value 0
```

Bättre:
```
led_counter = (led_counter + 1) & b1111; // increment counter but keep
it within 4 bit value
```

13.3 Namngivning

Det finns ett flertal sätt att namnge saker i programspråk. Om alla skulle namnge saker på olika sätt skulle det vara onödigt svårt att sätta sig in i koden eftersom programmeraren då måste registrera vad som är en funktion och vad som är vad i koden. Om all kod följer namngivningsreglerna går det snabbt och enkelt se om ett ord symboliserar en variabel eller en funktion, eller något annat.

Regler:

- Allt som kan namnges ska namnges tydligt, med kompletta ord.

Exempel:
Dåligt:
`sbs()` är ett dåligt funktionsnamn

Bättre:
`sendBootSignal()` eller `send_boot_signal()` är mycket tydligare. Det finns inte några gränser för hur långa variabel- och funktionsnamn får vara, så utnyttja det! Undantag som kan accepterat är om "sbs" är kommenterat/förklarat vid deklaration.

13.4 Formatering och indentering

Indentering gör det enklare att följa flödet i kod. Det tydliggör vad som tillhör logiska block och vad som ligger utanför. Korrekt indentering är ett oslagbart verktyg när tydlig kod utvecklas.

Regler:

- Kod måste indenteras. TAB får ej användas, verktygen ska ställas in så indentering sker med mellanslag (SPACE). Detta görs i verktygens inställningar för kodredigering
- Kod ska indenteras mellan 2–4 mellanslag

Exempel:
Dåligt:
```
if (condition) {
a = b;
  } else
{
    b = a;
    }
```

Bättre:
```
if (condition)
  {
    a = b;
  }
  else
  {
    b = a;
  }
```

- Konsekvent kodskrivning med indentering

13.5 Leverans och versionshantering

Då uppgifterna levereras, är det viktigt att inte skicka med saker som inte ska bedömas. Detta går att överföra till verkligheten, då en leverans av ett projekt i princip aldrig tillåter skräpkod.

Det krävs att det finns någon form av versionshantering över de dokument och konstruktionsfiler som hör till ett projekt. Många företag har verktyg för versionshantering. Huvudsaken är att dokumenten har spårbarhet i tiden, vad som är ändrat och vem som har utfört ändringen. På AGSTU har vi förenklat detta med att bara lägga på ett suffix.

Regler:
- Levererad kod får endast innehålla relevanta kommentarer och kod. Alla kommentarer och kod som är skriven i utvecklings- eller testsyfte ska rensas bort
- Om levererade filer ska ha ett namn som slutar på _ver_x (suffix), till exempel "kalle_andersson_ing_b_ver_3.zip"

13.6 Exempel på bra och dålig kod

Exempel på C kod:

Dåligt:
```c
int eqx(int x,int y){return((x + y)&0x01)?1:0;}
```

Bättre:
```c
// Is the sum of two integers even?
bool sumIsEven(int x, int y)
{
    int sum = x + y;
    if (sum % 2)
    {
        return false;
    }
    else
    {
        return true;
    }
}
```

Alternativt:
```c
// Is the sum of two integers even?
bool sumIsEven(int x, int y)
{
    const int sum = x + y;
    return (sum % 2) == 0;
}
```

Punkterna som är värt att notera är:

- Namnet beskriver vad funktionen gör
- Returvärdet har en lämpligare typ
- En kommentar som kortfattat beskriver vad funktionen gör
- En klar och tydlig indentering
- Det dåliga exemplet är dessutom felaktigt, vilket inte framgår jättelätt

"`if (sum % 2)`": Betyder att om sum är helt delbart med 2 så är resultatet av uttrycket 0 (falskt) annars blir det resten av divisionen (sant). Men det kommer att repeteras i C-kursen.

Exempel:
- sum = 2, så blir svaret 0 (falsk)
- sum = 3, så blir svaret 1 (sant)
- sum = 4, så blir svaret 0 (falsk)

Det är alltså viktigt att ha kunskaper i C för att kunna skriva och läsa språket.

Exempel på VHDL kod:

Dåligt:

```
entity reset_projekt is
port(clk:in std_logic;-- clk
reset:in std_logic;
data_i:in std_logic_vector(7 downto 0);
data_u:out std_logic_vector(7 downto 0));
end entity;
```

- Ingen indentering
- Ej självbeskrivande eller diffusa portnamn
- För lite luft i koden och rekommenderas radbyten men inget måste
- Kommentar som inte förklarar eller förvirrar

```
process (clk,resetn)-- sync
begin
if resetn='0' then
data_u<="00000000";
elsif rising_edge(clk) then
data_u<=data_i;
end if;
end process;
```

- Tilldelningar som "00000000" tillåter ej längdoberoende, dvs (others => '0')
- Kommentarer som inte förklarar funktionen

Bättre:

```
ENTITY reset_projekt IS
  PORT
  (
    i_clk        : IN  std_logic;                        -- System clock
    i_reset_n    : IN  std_logic;                        -- System reset
    i_data       : IN  std_logic_vector(7 DOWNTO 0);     -- Data in
    o_data       : OUT std_logic_vector(7 DOWNTO 0)      -- Data out
  );
END reset_projekt;
```

- Konsekvent indentering med fasta avstånd genom hela koden
- Symmetri

```
data_process : PROCESS (i_clk, s_reset_n)         -- Data
synchronization
BEGIN
  IF s_reset_n = '0' THEN
    o_data              <= (others => '0');
  ELSIF rising_edge(i_clk) THEN
    o_data              <= i_data;                 -- o_data samples
i_data
  END IF;
END PROCESS data_process;
```

- Kommentera funktionen för en process
- Kommentera specifika tilldelningar som inte är självförklarande
- Använd (others =>'0') för vektorer som kan ändra bredd
- Aktiv låg signal ska ha ett "_n" i namnet

14 Viktiga begrepp

Begrepp är viktigt att känna till men det kan vara svårt att beskriva begrepp med några få ord. I vilket fall är dessa begrepp viktiga att känna till och flera förklaringar kan sökas till exempel via Internet. Här beskrivs några viktiga begrepp.

Algoritm

Algoritmer är en från början en matematisk term och inom programmering är det en samling väldefinierade instruktioner för att lösa en specifik uppgift. En algoritm kan beskrivas i ett programmeringsspråk med stegvisa instruktioner och implementeras i en dator. Kapitlet "Programmering av 2D grafik", visas några algoritmer från matematiken som därefter "översätts" till C program.

Bugg / fel och felsökning

En bugg är ett fel i ett program som gör att programmet inte fungerar som det är beskrivet i specifikationen. Ordet "bugg" (från engelskans bug som betyder insekt) sägs komma ifrån att en mal som fastnade i ett relä (1947) så att det slutade att fungera.

Enkortsdator

Ett helt datorsystem får plats på ett kort. Exempel på enkortsdatorer: Arduino, DE10-Lite och Raspberry Pi.

Funktion eller procedur

En funktion eller procedur, är ett program som kan anropas för att utföra samma uppgift på många ställen i ett huvudprogram. Används för att enklare återanvända testade delprogram och förenkla läsbarheten, exempel funktionen "printf". Användandet av funktioner och procedurer i programmering är mycket vanligt och det är rekommenderat att strukturera upp programmet med hjälp av funktioner.

Hårdvara

Hårdvara är de fysiska, hårda delarna som en dator består av. Men idag är det lite flytande gräns eftersom hårdvara kan programmeras med programspråk.

Mjukvara

Mjukvara, kallas även programvara som en CPU kan tolka och utföra. CPUn har ett lågnivåspråk som kallas Assembler.

Maskinkod

Maskinkod, även kallat binärkod är det språk som en CPUn förstår och den består av ettor och nollor. Maskinkod är svårt för människor att läsa och förstå. Maskinkod kan visas som assemblerkod, då är det enklare att förstå.

Programmerare

En ingenjör som kan programmera. Programmering, är processen att utveckla ett program. Programmering är bredare än att bara skriva kod och innefattar förutom själva skrivandet att designa programmet, d.v.s. hur det ska delas upp i olika delar för att det ska bli lättare att förstå och underhålla. Det innehåller också att analysera, dokumentera och förstå problemet som ska lösas.

Programspråk

Programspråk, kallas även programmeringsspråk, är språk som människor använder för att skapa program. Datorn förstår inte programspråk direkt utan detta måste översättas till maskinkod av en kompilator.

Olika programspråk är lämpade för olika tillämpningar och det finns idag mer än 750 olika programspråk för mjukvara och ett handfull för hårdvara. Exempel på programspråk i mjukvara är: Python, C, C++, Javascript, Java, Ruby och Blockly. I hårdvara är det VHDL och Verilog.

Repetition eller slinga

Repetition kallas också iteration, slinga eller loop. En repetition är en programmeringsterm som betyder att en eller flera rader i programmet upprepas. Istället för att skriva samma del av programmet flera gånger kan en repetition användas.

Syntax

Syntax är en serie regler som beskriver hur ett program eller strukturerat dokument ska sättas samman för att anses vara korrekt.

Variabel

Variabel är en programmeringsterm. Variabeln refereras till via sitt namn och är användbart om värdet ska användas på flera ställen i programmet. Till exempel kan en variabel "poäng" vara en poängräknare i ett spel (poäng = poäng +1 vid vinst) och skrivas ut när spelet är klart, print(poäng);

Vektor

Vektor, kallas också array, och är en programmeringsterm. En vektor är en sekvens av ett godtyckligt antal värden som går att komma åt via ett ordningstal som anger en position i vektorn och där värdena är av samma typ. Jämför med en variabel som bara kan innehålla ett enda värde.

Villkor

Villkor, som även kallas if-sats, är en programmeringsterm för att i ett program välja mellan olika alternativ. Det är ett logiskt uttryck för att avgöra om delar av programmet ska köras eller inte.

15 Bilagor

15.1 Bilaga A rita tillståndsmaskiner, flödesdiagram och andra grafiska figurer

För att rita tillståndsgraf, flödesdiagram och andra grafiska figurer i ett Word dokument kan programmet "Diagrams" används. Detta program kan köras i en webbläsare eller installeras som en APP på datorn.

Webbadress: https://app.diagrams.net/

Här följer ett exempel på att skapa en figur som kan kopieras in i ett Word dokument.

1) Gå till webbadressen och väljs alternativet "Create New Diagram" för att skapa ett nytt dokument, se nästa figur.

Figur 90. Webadress: https://app.diagrams.net/.

2) Där efter väljs en mall som passar för ändamålet, se nästa figur.

Figur 91. Välj en mall som passar det som ska skapas eller "Blank Diagram".

3) Nu startas den grafiska editor som figuren skapas i och som ska kopieras in i Word dokumentet.

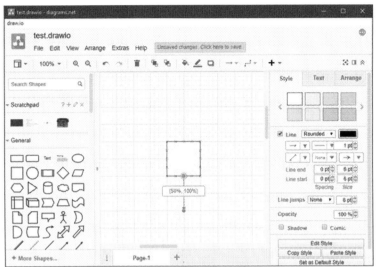

Figur 92. Grafisk editor.

Till vänster finns en panel med grafiska former och genom att klicka på en av formerna läggs dessa till dokumentet. Formen kan sedan ändras genom att dra i de blåa markeringarna. Det finns många olika möjligheter att lägga till text och pilar, ändra färg och typsnitt. Formerna försöker följa rutnätet under för att underlätta skapandet och för att allt ska bli proportionerligt. Se föregående figur.

4) När arbetet är klart, spara dokumentet för att ha möjlighet att senare redigera i figuren. Därefter kan figuren kopieras till ett Word-dokument med "Klipp och Klistra" eller exporteras som en bildfil.

   Fösta alternativet med "Klipp och klistra" startas med "Windows-tangenten+Skift+S". Kopiera figuren i "Diagram" editorn med "klipp och Klistra" verktyget, därefter gå över till Word dokument och högerklicka på musen och välj "bild", se nästa figur.

Figur 93. Kopiera in bilden i Word dokumentet med formatet "bild".

5) Alternativt skapa en bildfil genom att välja "Export as.." under "File" fliken, se nästa figur.

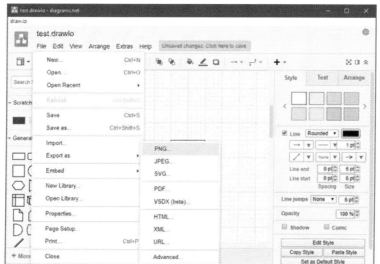

Figur 94. Exportera figuren till en bild-fil.

6) En dialogruta kommer upp för bildexportering och välja till exempel 200% för att få bättre skärpa, se nästa figur.

Figur 95. Förbättra figuren.

När knappen "Export" tycks ner kan filen laddas ner till hårddisken. Därefter kan den användas för att läggas in i ett dokument.

15.2 Bilaga B industriella utvecklingsverktyg för Intels FPGAer

Eftersom boken adresserar både mjukvara och hårdvara i FPGAer valdes exempel från Intels utvecklingsverktyg. Verktygen är fokuserade på FPGA-teknologin som möjliggör både hård- och mjukvaruutveckling.

Verktygen är uppdelade i HW och SW konstruktion och dessa är:

- Quartus, för att utveckla hårdvara
- ModelSim, en simulator för att verifiera hårdvara
- Nios, för att utveckla mjukvara till en egenutvecklad CPU (programmeras till FPGAn)

Dessa verktyg kan laddas ner helt gratis och konstruktionsarbetet kan påbörjas.

Hårdvarukonstruktion med Quartus

Utvecklaren programmerar med ett hårdvarubeskrivande språk (Hardware Description Language, HDL) som översätts till logik och kopplingar som finns på chippet. Översättningen görs i flera steg och resulterar i en programmeringsfil som konfigurerar alla kopplingarna mellan logiken på chippet. Nästa figur visar längst upp till vänster en beskrivning av hårdvaran i språket VHDL, denna kod översätts till grindar, sen översätts grindarna till den FPGAns arkitektur (programmeringsfil) och sista steget längst ner på vänster sida FPGA chippet konfigureras.

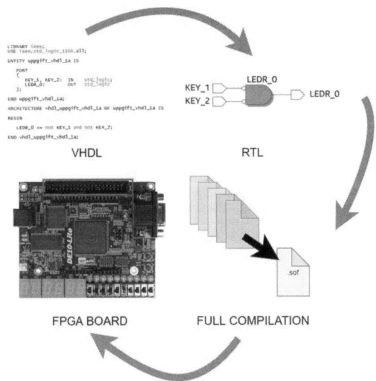

Figur 96. Från beskrivning av hårdvaran till en programmeringsfil för FPGAn.

För att konstruktionen ska bete sig som förväntat erbjuder tillverkarna möjligheten att kontrollera (verifiera) detta i ett simuleringsprogram. Detta är ett viktigt steg för att säkerställa att FPGA-konstruktionen fungerar innan den laddas ner till kretsen.

Utvecklingsmiljön Quartus tillhandahålls av Intel (se nästa figur), och består av ett grafiskt gränssnitt för att skapa projekt för FPGA-konstruktioner. Quartus hjälper till med att hålla reda på designfiler och andra inställningar som behöver matas in. Kortfattat finns här nästan alla verktyg för att kunna genomföra designprocessen. När programmet startas presenteras en vy som bland annat innehåller en textredigerare för HDL-kod. I menyraden finns länkar till diverse verktyg som behövs för att göra inställningar, importera färdiga komponenter, skapa egna komponenter och automatisera olika processer. Det finns också ett loggfönster som ger varningar och felmeddelanden om något går fel.

Utvecklingen av miljön har kommit långt och likt många utvecklingsmiljöer för mjukvara finns även här möjligheten att genom en knapptryckning påbörja en kompileringsprocess som tidigare gjordes med enbart textbaserade kommandon. Detta har snabbat upp designförloppet avsevärt.

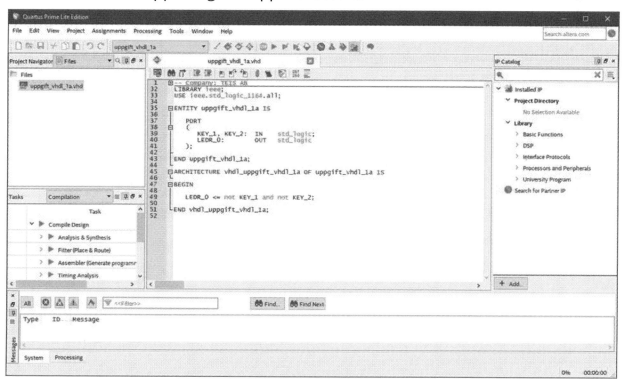

Figur 97. Intel Quartus.

Textredigeraren markerar VHDL syntax i färg, vilket underlättar för nybörjare som vill lära sig språket. I kodexemplet i nästa figur är HDL-koden färgmarkerad med blått och rött, beroende på vad som är HDL syntax och speciella HDL system ord. All annan text är svart, som till exempel variabelnamn. Kommentarer blir i verktyget gröna.

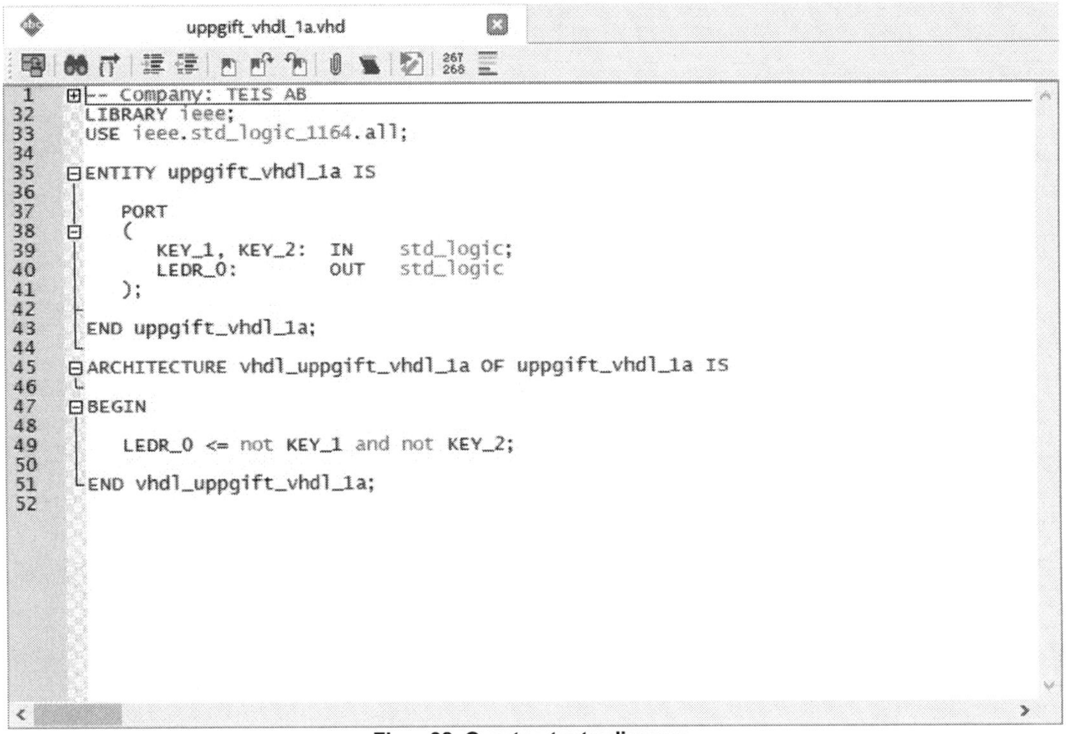

Figur 98. Quartus textredigerare.

15.2.1 ModelSim från MentorGrafics används som simulator

För att simulera en FPGA-konstruktion ingår i programsviten Quartus även programmet ModelSim från Mentor Graphics. I detta program kan en FPGA-konstruktion laddas in och testas genom att skicka olika signaler till konstruktionens ingångar (simulera insignaler). Programmet simulerar då hur konstruktionens krets beter sig och vad som händer på konstruktionens utgångar i förhållande till det som händer på ingångarna över en viss tid.

En FPGA konstruktion innehåller ofta en kombination av grindar och vippor som klockas av en oscillator. Oscillatorn bestämmer takten för hur konstruktionen och därför är det viktigt att kontrollera att varje sak som ska hända i en FPGA sker i rätt takt och i rätt ögonblick. Här syns ofta många tankefel som görs i arbetet att skapa en FPGA-konstruktion i HDL.

Genom att beskriva en komplex konstruktion där data förflyttas mellan olika delar behövs ibland flera olika verktyg för att se vad som faktiskt händer i FPGA-kretsen. Simuleringsverktyget kan belysa varje detalj av en konstruktion och är ett av de viktigaste verktygen för felsökning. I nästa figur syns standardvyn för ModelSim med ett fönster som visar pulsdiagrammet för simuleringen.

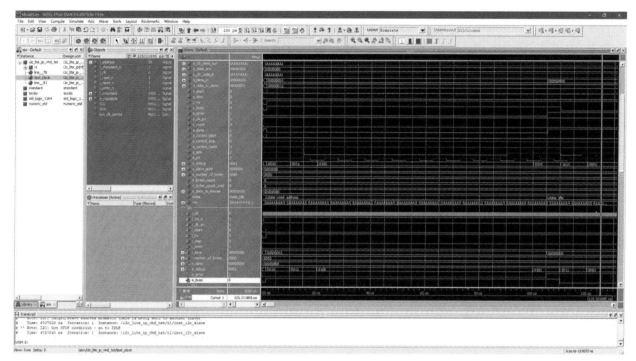

Figur 99. Mentor Graphics ModelSim.

Utan att ta hänsyn till fysikens lagar kan simuleringsverktyget simulera en teoretisk modell av konstruktionen med noll i fördröjning. I verkligheten lider en FPGA-krets av små fördröjningar vilket kan få en konstruktion att inte fungera korrekt. Detta testas inte här utan endast principen för hur konstruktionen beter sig i en ideell värld utan fördröjningar. I nästa figur återfinns ett exempel på en detalj i ett förlopp där ingångarna KEY_1 och KEY_2 stimuleras med olika värden över tid. Resultatet på utgången LEDR kan observeras i simuleringen.

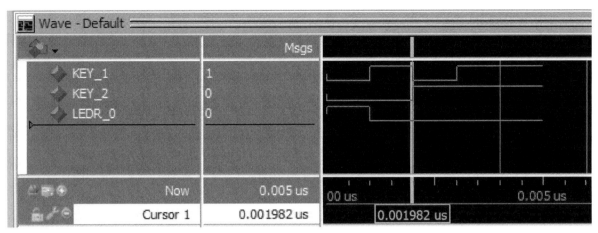

Figur 100. Detalj på förlopp i ModelSim.

Mjukvaruutveckling; NIOS Software Build Tool

Då det är "enkelt" att lägga in en eller flera CPUer i en FPGA-krets, behövs mjukvaruutvecklingsverktyg. Processorn heter Nios II. Intel erbjuder Eclipse som är en integrerad utvecklingsmiljö (IDE) som består av en textredigerare för kod samt en debugger. Mjukvaran kan programmeras i C eller C++ för Nios II processorn och kompileras till maskinkod som sedan kan laddas ner på en FPGA-krets RAM minne och exekveras med Nios II processor. I nästa figur visas standardvyn för Eclipse.

Nios II processorn är en CPU som kan konfigureras på en mängd olika sätt beroende på tillämpning. Egna hårdvarukomponenter kan dessutom skapas i Quartus som kopplas samman med Nios II processorn och sedan läsas och skrivas till genom mjukvarudrivrutiner. Mjukvarudrivrutinerna kan sedan tillsammans med hårdvaran paketeras och sparas som ett paket och återanvändas i andra projekt.

Figur 101. Eclipse IDE för Nios II och andra viktiga verktyg.

15.3 Bilaga C Filkomprimeringsverktyg

För att kunna lämna in ett större antal filer behövs av praktiska skäl, dessa komprimeras ihop till en enda fil. Det finns några verktyg som funnits länge, bland annat WinZip och WinRar.

Om läsaren inte har dessa verktyg finns det ett verktyg som är gratis som heter 7zip som både stöder komprimeringsstandarden .zip och .rar. Programmet tillhandahålls genom GNU LGPL licens och kan laddas ner på sidan https://www.7-zip.org/, se nästa figur.

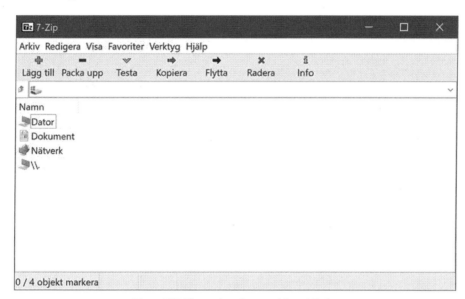

Figur 102. Komprimeringsverktyget 7-zip.

Ett annat sätt är att använda Windows komprimeringsverktyg.

16 Sakregister

Printed in Great Britain
by Amazon

56027110R00066